これだけ覚

メンタルヘルス・マネジメント®検定

SOMPOヘルスサポート株式会社
桜又彩子 ［編］

セルフケアコース

Ⅲ種

改訂**3**版

Ohmsha

読者の皆様へ

この度は本書をお手に取っていただき、誠にありがとうございます。

この一冊で学習することが、メンタルヘルス・マネジメント®検定Ⅲ種合格の最短コースと自負いたしております。本書には次のような特長があります。

- 公式テキスト（第5版）と過去問題を徹底的に研究し、重要ポイントを網羅
- 効率よく合格することを目的に、出題範囲内で「モレなく・ダブりのない」記述
- ポイントがわかりやすいよう、また覚えやすいように、内容をまとめた図や表を掲載
- 過去の出題傾向をふまえ、吹出しで、出題傾向のポイント解説を豊富に掲載
- 各章ごとに、過去問題（6回分）と予想問題を豊富に掲載し、何をどの程度暗記すべきかわかるような問題を解くことで、知識の定着を図れる
- 学習が無機質で職場と無関係なものにならないよう、現場感覚をふまえた記述
- 章ごとに掲載した著者の経験をふまえたコラムは、学習の息抜きになるだけでなく、日常生活におけるメンタルヘルスに広く活かせる

今、心のセルフケアは、ますます重要視されています。ストレス耐性というと、「忍耐力」やストレスをはね返す「強さ」をイメージされるかもしれません。しかし、それら以外にも、ストレスを受け流せる「しなやかさ」や、感情が一時的に揺れ動いてもそれを「調整できる力」などが注目されています。

本書で学んだことを、職場や日常生活でのセルフケアに活かし、皆様が元気で充実した職業人生を歩まれますよう、心から願っております。

2021年11月

SOMPOヘルスサポート株式会社

桜又　彩子

目　次

受験ガイダンス

1 Ⅲ種（セルフケアコース）とは

　メンタルヘルス・マネジメント®検定Ⅲ種（セルフケアコース）は、大阪商工会議所と施工商工会議所の共同主催であるメンタルヘルス・マネジメント®検定の3コースのうちの1つです。Ⅲ種の試験概要は、以下の通りです。Ⅰ種＆Ⅱ種またはⅡ種＆Ⅲ種を同日に受験できますが、3月はⅡ種・Ⅲ種のみ公開試験を行うため、Ⅰ種との同日受験はできません。

◀ Ⅲ種の試験概要 ▶

対　　象	一般社員
目　　的	組織における従業員自らのメンタルヘルス対策の推進
到達目標	到達目標自らのストレスの状況・状態を把握することにより、不調に早期に気づき、自らケアを行い、必要であれば助けを求めることができる。
試験日程と受験料	年2回（3月、11月）、5,280円（税込）
試験時間・配点	2時間、100点　※選択問題のみ
合格基準	70点以上
試験会場	札幌、仙台、新潟、さいたま、千葉、東京、横浜、浜松、名古屋、京都、大阪、神戸、広島、高松、福岡のなかから選択
受験資格	学歴・年齢・性別・国籍に制限はありません

2 問い合わせ先

　メンタルヘルス・マネジメント®検定試験センターのホームページでは、過去試験の受験者数・合格率などを公開しています.

　TEL：06-6944-6141（平日10時〜17時、土・日・祝休日・年末年始除く）

　https://www.mental-health.ne.jp/

◀ 団体特別試験について ▶

　Ⅱ種、Ⅲ種では、公開試験以外に、団体特別試験（企業・団体・学校が、所属する従業員や職員、学生を対象に、メンタルヘルスケアに関する教育・研修の一環として、メンタルヘルス・マネジメント®検定試験を実施できる制度）を実施しています。

■ **試験日時・場所**
　任意に設定できる　※試験1回につき、全所要時間は約2時間半

■ **受験申込**
　試験実施日の3週間前までに申し込むこと　※原則、各コースの受験者数10人以上

■ **実施コースと受験料**
　Ⅲ種は4,220円（税込）　※Ⅱ種は5,980円（税込）

1章
メンタルヘルスケアの意義

全出題問題 50 問中、「1 章 メンタルヘルスケアの意義」からは、5 問出題されています。各種調査の内容は、大きな傾向と要となる内容をきちんと押さえることで対応できます。

出題傾向分析

重要度	重要な内容
🐾🐾🐾	• 労働安全衛生調査 • 行政における対策 • 事業者による方針の表明 • 心の健康づくり計画
🐾🐾	• 職場でのメンタルヘルスケア対策調査
🐾	• その他機関での参考調査 • 自殺者の推移

🐾🐾🐾：よく出題される　　🐾🐾：比較的よく出題される　　🐾：出題されることがある

労働者と職場の現状

労働者のストレスに関する現状を、各種調査から捉えていきましょう。

① 労働安全衛生調査（2018年）　　重要度

　本調査は厚生労働省が実施しているものです。本調査によると、**「仕事や職業生活に関することで、強いストレスになっていると感じる事柄がある」** とする労働者の割合は、**58.0%** となっています。

◀労働安全衛生調査（2018年）▶

■**「強いストレスを感じる事柄がある」58.0%**
〈男女別〉
　男性：59.9%　女性：55.4%
〈就業形態別〉
　正社員：61.3%　　契約社員：55.8%
　パートタイム：39.0%　　派遣労働者：59.4%

■**ストレスの原因**
　1位「仕事の質・量」59.4%
　2位「仕事の失敗、責任の発生」34.0%…男性の割合が高い
　3位「対人関係（セクハラ・パワハラを含む）」31.3%…女性の割合が高い
　4位以降になると、
　　　男性では「役割・地位の変化」、「会社の将来性」
　　　女性では「雇用の安定性」
　が多く回答されている。
　※派遣労働者は「雇用の安定性」「仕事の質・量」の順で割合が高い。
　※契約社員は「仕事の質・量」「雇用の安定性」の順で割合が高い。

■**ストレスの相談**
　「相談できる相手がいる」92.8%と高い数字（男性：91.2%　女性：94.9%）
　「実際に相談したことがある」80.4%（男性：76.5%　女性：85.2%）

■**相談相手**
　家族・友人：79.6%（男性：77.8%　女性：81.9%）
　上司・同僚：77.5%（男性：80.4%　女性：73.8%）

労働安全衛生調査をはじめ、各種調査に関しては、主要な数字、1位の数字はおおまかにでも覚えましょう。他の部分は細かい数字というよりも、傾向をつかむのがコツです。

Point

❷ 職場でのメンタルヘルスケア対策調査　重要度

2018年の「労働安全衛生調査」によると、事業所におけるメンタルヘルス不調者の現状や事業所の取組み状況は以下の通りです。

◀労働安全衛生調査（2018年）▶

■ **企業におけるメンタルヘルス不調者の数**

・「過去1年間にメンタルヘルス不調により
連続1か月以上休業した労働者の割合」　6.7%
ただし、50人以上の事業所では26.4%

・「メンタルヘルス不調により退職した労働者がいた事業所の割合」5.8%
ただし、50人以上の事業所では14.6%

■ **企業での取組みとその内容**

・「メンタルヘルス対策に取り組んでいる」　59.2%→（ここ5年は、ほぼ横ばい）

> 1,000人以上の事業所では「1か月以上の休業者あり」は90%、「退職者あり」は70%、「メンタルヘルス対策に取り組んでいる」は99%を超えており、いずれも、事業所の規模が大きくなるほど割合は増加している！

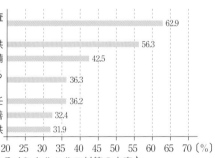

◀図1　実施しているメンタルヘルス対策の内容▶

- 調査票を用いたストレス状況の調査（ストレスチェック）　62.9
- 労働者への教育研修・情報提供　56.3
- 事業所内での相談対応の体制整備　42.5
- 健康診断後の保健指導におけるメンタルヘルスケア　36.3
- メンタルヘルス対策担当者の選任　36.2
- 職場環境の評価と改善　32.4
- 管理監督者への教育研修・情報提供　31.9

関連知識　メンタルヘルスケアの取組みの達成ぐあいは？

国が掲げている「第13次労働災害防止計画」においては「メンタルヘルスケアに取り組んでいる事業場の割合を80%以上にすること」が目標とされています。
まだまだ達成には遠い状態です。

その他機関での参考調査　重要度 🐾

1 公益財団法人日本生産性本部（2019 年）

（a）過去 3 年間に「心の病」が増加傾向にある企業

　「心の病」が「増加傾向」と回答した企業は前回、前々回調査よりも割合が増加しました（32.0%）。「横ばい」と回答した企業の割合は増加傾向でしたが、今回調査では減少しました（54.7%）。全体としては高止まり傾向と言えるでしょう。ちなみに「減少傾向」と回答した企業は 10.2% でした。

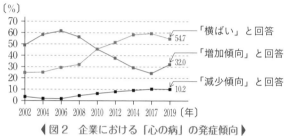

◀**図 2　企業における「心の病」の発症傾向**▶

　なお、心の病が多い年代として、近年は**「10 代～20 代」が増加**し、「50 代以上」を除く「10 代～20 代」「30 代」「40 代」が 30% 前後で並んでいます。

2 文部科学省

　2017 年度に休職した**公立教職員**の原因疾患のうち、うつ病が占める割合が、**65.1%** でした。精神疾患による休職者は、2007 年度以降、5,000 人前後で推移しています。

3 人事院

　2016 年度に**国家公務員**が 1 か月以上長期病欠した原因の 1 位は、うつ病などの精神疾患で、全体の **65.5%** でした。

 自殺者の推移　重要度 🐾

　警察庁統計データより内閣府が作成した資料によると、2020 年の自殺者数は21,081 人となり、対前年比 912 人増加となっています。1998 年以来、14 年連続して 3 万人を超える状況が続いていましたが、2012 年から 9 年連続で 3 万人

を下回りました。ですが、先進国の中では依然、自殺者率は高い現状にあります。

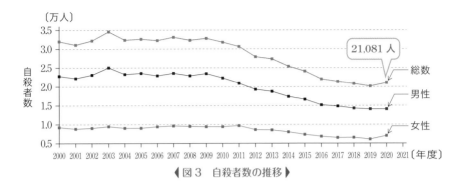

◀図3　自殺者数の推移▶

　自殺の動機・原因としては、**「健康問題」**が圧倒的に 1 番です。自殺の背景には、精神的な不調が隠れていることが多いと指摘されています。

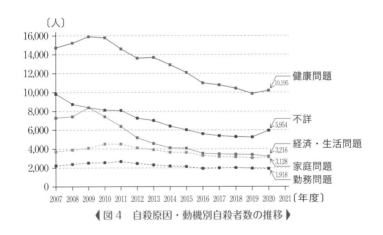

◀図4　自殺原因・動機別自殺者数の推移▶

⑤　行政における対策　　重要度

　政府は自殺対策として、**2006 年**に**「自殺対策基本法」**を制定、**2007 年**には、**自殺対策基本法 8 条に基づいて「自殺総合対策大綱」**を定めました。さらに、自殺対策加速化プランの決定にあわせて 2008 年一部が改正され、2012 年には初めて全面的な見直しがなされ、「自殺総合対策大綱〜誰も自殺に追い込まれることのない社会の実現を目指して〜」が閣議決定されました。5 年を目安に見直されることになっているので、2017 年にも改正されています。

　国、地方公共団体、医療機関、事業主、学校、自殺対策に係る活動を行う民間の団体その他の関係者は、自殺対策の総合的かつ効果的な推進のため、相互に連携を図りながら協力するものとするという**関係者の連携協力**や、**心の健康に関する教育・啓発の推進**が強調されました。

　なお、厚生労働省は、職場のうつ病の増加などという社会的背景を受け、**癌、脳卒中、急性心筋梗塞、糖尿病**に**精神疾患**を加え、**五大疾病**とする方針を打ち出しました。

自殺関連も出題されやすい部分なので、直近の数字と大まかな傾向、関連法律や指針の存在を押さえておいてください。

過去問題・予想問題を解いてみよう!!

問題 1 **各種統計** 24回第1問[1]

メンタルヘルスケアに関する次の記述のうち、最も**不適切な**ものを **1** つだけ選べ。

① ストレス過多の状態が続くことで、心身の障害が生じやすくなる。

②「労働安全衛生調査」(厚生労働省、2018 年)の結果によると、過去 1 年間のメンタルヘルス不調により連続 1 か月以上休業又は退職した労働者がいる事業場の割合は合わせると 12.5% であり、1,000 人以上の規模の事業場ではどちらの割合も 70% を超えている。

③ わが国の業務に起因する精神障害者数は、1998 年に急増し、それ以降 2011 年に至るまで、14 年連続 3 万人を超えていたが、2012 年以後、減少傾向にある。

④ 2006 年に「自殺対策基本法」が制定され、2007 年には政府が推進すべき対策の指針をまとめた「自殺総合対策大綱」が策定された。

解説 ③ 記載の内容は「業務に起因する精神障害者数」ではなく、「**自殺者数**」の説明です。 【解答】③

問題 2 **労働者のストレスの現状** 26回第1問[3]

労働者のストレスの現状に関する次の記述のうち、最も**不適切な**ものを **1** つだけ選べ。

① 厚生労働省によるいくつかの大規模調査の結果から、労働者のストレスをめぐる現況をうかがい知ることができる。

②「労働安全衛生調査」(厚生労働省、2018 年)の結果報告によると、ストレス要因の 1 位は「仕事の質・量」で、約 6 割である。

③「労働安全衛生調査」(厚生労働省、2013 年)の結果では、「仕事や職業生活に関する強い不安、悩み、ストレスを感じる事柄がある」労働者の割合は、約 8 割である。

④「労働安全衛生調査」(厚生労働省、2018 年)の結果では、仕事や職業生活に関する強い不安、悩み、ストレスについて、相談できる人がいる労働者の割合は、9 割以上となっている。

解説 ③ 記載の内容の割合は **58.0%** なので、約 6 割です。 【解答】③

問題3 心の健康問題　　　　　　　　　　　　　　　26回第1問[4]

心の健康問題に関する次の記述のうち、**最も不適切なものを1つだけ選べ。**

① 「労働安全衛生調査」（厚生労働省、2018年）の結果によると、過去1年間にメンタルヘルス不調により連続1か月以上休業または退職した労働者がいる事業所の割合は、12.5%であった。

② 厚生労働省は、地域医療の基本方針となる医療計画に盛り込む疾病として、2011年に「精神疾患」を加えて「五大疾病」とする方針を打ち出した。

③ 心の病気を発症すると、大半の例で作業効率が低下する。

④ 公益財団法人日本生産性本部が継続的に実施している調査結果から、2000年以降、多くの企業で「心の病」が減少傾向となっていると推測できる。

解説　④ 多くの企業で**「心の病」は増加傾向**と推測できます。　　　　　　【解答】④

① 事業者による方針の表明　　　重要度 🐾🐾🐾

　企業においてメンタルヘルスケアを推進するためには、トップの明確な意思表明が必要です。それが事業者による「方針」ということになります。方針なきメンタルヘルスケアは、その組織の中で正当性を欠き、例えばメンタルヘルス研修参加の呼びかけをしても、「忙しいのに、そんな研修に出ているヒマはない」という管理職が続出するなど、優先順位が下がってしまうことになります。まずしっかりとした方針があり、そのうえで方針と実際のプログラムの整合性、実行におけるリーダーシップ、貢献したスタッフを評価する仕組みなどが必要となります。事業者からの「方針」には、以下が盛り込まれているとよいでしょう。

> ◆事業者からの方針に盛り込むべき内容▶
> ① メンタルヘルスケアの重要性の認識　② 職場全体を巻き込んでの対策
> ③ プライバシーへの配慮　　　　　　　④ 継続的実施

　作成した事業者方針は労働者全体に周知します。また、従業員は、メンタルヘルスケアに関する活動は日常業務と無関係ではなく、**自分の評価とも関連性がある**と理解することが大切です。

② 心の健康づくり計画　　　重要度 🐾🐾🐾

　2006年3月に厚生労働省から出された**労働者の心の健康の保持増進のための指針（メンタルヘルス指針）**では、**心の健康づくり計画**で定める事項として、次の7つを挙げています。

> ◆「心の健康づくり計画」で定める事項▶
> ① 事業者がメンタルヘルスケアを積極的に推進する旨の表明に関すること
> ② 事業場における心の健康づくりの体制の整備に関すること
> ③ 事業場における問題点の把握およびメンタルヘルスケアの実施に関すること
> ④ メンタルヘルスケアを行うために必要な人材の確保および事業場外資源の活用に
> 　　関すること
> ⑤ 労働者の健康情報の保護に関すること

⑥ 心の健康づくり計画の実施状況の評価および計画の見直しに関すること

⑦ その他労働者の心の健康づくりに必要な措置に関すること

この7つの項目は、比較的問われやすいので、すべて頭に入れておいてくださいね。なお、この指針は2015年のストレスチェック義務化を受けて改正されました。ストレスチェック制度の位置づけを明確にすることが望ましい、と追記されています。

1 従業員の役割

心の健康づくりの体制において、従業員一人ひとりの役割としては、次のようなことが挙げられます。

① 安全衛生委員会や対策検討会などに積極的に参画する

② 教育研修の機会を利用して知識やスキルを得てセルフケアに努める

③ 各事業場のメンタルヘルスケアの手順やルールを理解して適切に対応する

2 具体的な活動スケジュール

通常は年間計画を作成し、毎月の衛生委員会（または安全衛生委員会）にて進捗を確認することになります。また、年間計画のほか、臨時的に発生する活動（職場復帰支援の面接など）が、スムーズになされるよう、あらかじめ役割やルールを決めておきます。「心の健康づくり計画」とは、メンタルヘルスケアに関するマネジメントシステムとみなすことができます。

3 目　標

方針に応じた目標を計画の最初に設定しておきます。目標の達成度合いを定期的に評価し、達成できなかった場合には、その原因を分析して改善策を考えます。その繰り返しにより、メンタルヘルスケア活動が、継続的に実施されていくことになります。**評価指標には、定性的なものも定量的なものも考えられますが、**例としては、次のようなものが挙げられます。

◀評価指標例▶

① メンタルヘルス不調が原因の休職・退職者数、休職日数の変化

② 自殺者数の変化

③ 質問紙調査によるストレス評価

④ アンケートによる従業員の意識調査
　・強いストレスを感じる人の割合
　・職場のコミュニケーションに満足している人の割合
　・職場が働きやすいと感じている人の割合
⑤ 職場復帰率や再休職率
⑥ メンタルヘルス研修への参加率
⑦ ストレスチェックの結果
　・高ストレス者の割合
　・集団分析におけるリスク値

過去問題・予想問題を解いてみよう!!

問題 1 事業者方針　　　　　　　　　　　　　　**24回第1問[3]**

メンタルヘルスケアに係る事業者方針に関する次の記述のうち、最も適切なものを1つだけ選べ。

① 事業者方針は、事業者の活動について表明するものであるから、従業員のセルフケアでなく、経営者を含むラインによるケアを積極的に展開することを表明しなければならない。

② 事業者方針は、事業者と管理監督者に限って周知し、事業者がメンタルヘルスケアにおいて何を大切にしているかを共有することが重要である。

③ メンタルヘルスケアに関する活動は、プライバシーへの配慮が必要なことから、職場全体を巻き込むことはせず、できるだけ特定のメンバーで実施することを事業者方針に盛り込む。

④ 事業者方針の中で、従業員の「自分の評価との関連性」を明確にすることは、個人にとって仕事を積極的に行おうとするモチベーションにつながる。

解説 ① メンタルヘルスケアの事業者方針は、職場全体を巻き込んでの対策を盛り込むべきものですので、従業員のセルフケアの内容も必要です。

② 事業者方針は**全社的に周知**し、労働者一人ひとりが自分ごととして受け止めることが重要です。

③ メンタルヘルスケアの活動は、一部の人だけではなく、**職場全体を巻き込みながら進める**ことが大切です。　　　　　　　　　　　　　　**【解答】④**

問題 2 事業者の方針と意義　　　　　　　　　　　**予想問題**

メンタルヘルスケアに関する事業者方針の意義に関する次の記述のうち、最も**不適切**なものを1つだけ選べ。

① 事業者方針が表明されていることで、企業の事業活動にとっての重要性を示すことができる。

② メンタルヘルスケアは事業者の方針であっても、あくまで福利厚生活動なので従業員個人の評価とは関連性を持たせるべきではない。

③ 事業者が方針を表明することで、従業員のモチベーションや仕事の優先順位に影響する。

④ 事業者方針には、「プライバシーへの配慮」に関する項目を盛り込むべきである。

解説 ② 自分の評価との関連性がみえないと、メンタルヘルスケアに関する活動を積極的に行おうという**モチベーションにつながり**ません。　　　　　　　**【解答】②**

問題3 心の健康づくり計画　　　　　　　　　　　　　　予想問題

「労働者の心の健康の保持増進のための指針」に記載された「心の健康づくり計画」に定めるべき事項として挙げられていないものを1つだけ選べ。

① 事業者がメンタルヘルスケアを積極的に推進する旨の表明に関すること。
② 事業場における心の健康づくりの体制の整備に関すること。
③ 心の健康づくり計画の実施状況の評価および計画の見直しに関すること。
④ 事業場における心の健康づくりの具体的年間スケジュールに関すること。
⑤ 労働者の健康情報の保護に関すること。

解説 ④は、メンタルヘルス指針に挙げられていません。　　　　　　　【解答】④

問題4 心の健康づくり計画　　　　　　　　　　　　　25回第1問[3]

心の健康づくり計画に関する次の記述のうち、最も不適切なものを1つだけ選べ。

① 「労働者の心の健康の保持増進のための指針」（厚生労働省、2006年、2015年改正）で、「心の健康づくり計画」で定める事項の1つに、「心の健康づくり計画の実施状況の評価及び計画の見直しに関すること」が挙げられている。
② メンタルヘルスケアが、職場内で継続的に展開されるためには、その体制・仕組みがシステムとして構築され、その実施が具体的な計画に盛り込まれ、計画に沿って活動が実施される必要がある。
③ メンタルヘルス計画における達成目標は、より具体的な数値を設定することが望ましいが、例えば「"自分の職場は働きやすい環境である"と答えた従業員の割合が70%以上」といった目標は、従業員の主観に影響されるので、達成目標としては望ましくない。
④ 安全衛生委員会やその他の対策を検討する機会に積極的に参画することは、メンタルヘルスケアにおける従業員の役割の1つである。

解説 ③記載の内容は、アンケートによる従業員の意識調査であり、評価指標として適切です。　　　　　　　　　　　　　　　　　　　　　　　　　　【解答】③

感情を調整する～優しい言葉を発する～

　日本を自慢する呼び方の１つに、「言霊のさきわう国」というものがあります。言葉の力によって幸いを恵まれる国、という意味です。確かに日本語は美しい…例えば、お正月に皆で百人一首で遊んでいると、その言葉の流れ、響きの美しさには惚れぼれしてしまいます。古代の日本人は、言葉には精霊が宿ると信じていて、その霊妙な力は、人間の幸・不幸をも左右すると考えていました。「もういやだ」「サイテー」「どうしようもない」…そんな言葉を繰り返し口にしていれば、それらの言葉の負の力に支配され、心が疲弊していきます。「幸せだな」「楽しいね」「嬉しいね」「ありがとう」…優しい気持ちで口にした言葉は、言った本人に最も優しい作用を及ぼします。つまり、何か特別な呪文やら、お経やらを唱えなくたって、普段、何気なく口にする言葉にも「力」があるのです。それではなぜ、言葉に力があるのでしょう。

　現代物理学において、この世界の物理的事象のすべては、互いに触れ合い、時空を共有する、波動の相互作用だそうです。原理的には、すべてのものは全体として１つであり、とてつもなく巨大な一個のエネルギーのうねりなのです。私の五感で捉えるぶんには、私と他人は「別のもの」だし、私と机も「別のもの」です。けれど、深い深いレベルでは、それらはつながっているというのです。確固たる存在としてそこに在るように見える物質でさえ、本当は揺らいでいて、時とともに形を変えるのがその証拠です。目には見えないが、揺らいでいる。そういう世界で、言葉の響きや祈りの念は、波動として「巨大な一個のエネルギーのうねり」に影響を及ぼし、遠く離れた場所に届き、そして、最後には自分に帰ってくる。それは自然なことような気がしてきます。

　言葉は、それを発した人の「心」を乗せた響きになる。言葉に込められた「心」の波動を、古代の人々は「言霊」と呼んだのかもしれません。

　優しい言葉は、優しい波動となり、呪いの言葉は、呪いの波動となります。だから、どんなに落ち込んでも、腹が立っても、悲しくても、良い言葉を口にするのです。いいえ、そういうときだからこそ、どんな言葉を口にするかが大切なのです。難しいけれど、つい無意識にマイナスの言葉を吐いてしまうこともあるけれど、そこでぐっとふんばって、無理やりにでも優しい言葉を、希望の言葉を口にしてみましょう。「きっとこれから良くなっていくよ」「こんなことが起きたのは、何か自分にとって意味があるんだ」「気づかせてくれてありがとう」…そうすればきっと、優しい波動が帰ってきて、自分の心も、それを聞いた相手の心も、丸くしてくれるに違いありません。

2章

メンタルヘルスケアの基礎知識

全出題問題 50 問中、「2 章 メンタルヘルスケアの基礎知識」からは、9 問出題されています。専門的な用語も多く、暗記しにくい分野ですが、細かい内容まで出題されるため、丁寧に覚えていくことが必要です。さらに、2021 年度の公式テキスト改訂時に新たに追加された内容もあるので、以下の新項目は今後出題されやすいことが予想されます。

出題傾向分析

重要度	重要な内容	
🐾🐾🐾	• ストレスとストレス反応	• ストレス増加の社会的背景
	• ストレス関連疾患（心身症）	• メンタルヘルス不調
🐾🐾	• メンタルヘルス不調者への認識	• 精神障害者の就業機会
🐾	• 職業性ストレスモデル	• 健康障害が起こるメカニズム
	• 世代別のストレスの特徴	• 不調のサイン
	• 女性労働者の活躍とストレス	• 非正規雇用者のストレス
新項目	• ワーク・エンゲイジメント	• 発達障害（メンタルヘルス不調）

🐾🐾🐾：よく出題される　　🐾🐾：比較的よく出題される　　🐾：出題されることがある
新項目：公式テキスト（第 5 版）より追加された内容

2-1
ストレスの基礎知識

① ストレスとストレス反応

重要度 🐾🐾🐾🐾🐾

1 ストレッサー（ストレス要因）

　ストレッサーとは、ストレスの要因のことです。職場においては人間関係の不和や過重労働など、プライベートにおいては夫婦喧嘩やご近所トラブルなど、**その人にとって負担となる出来事や要請**がこれにあたります。

◀表1　ストレッサーの種類▶

ストレッサーの種類	具体例
物理的ストレッサー	暑い・寒い、明るい・暗い、騒音など
化学的ストレッサー	大気汚染、多飲酒、喫煙、薬害、栄養の不足など
生物学的ストレッサー	細菌、カビ、ウイルスなど
心理社会的ストレッサー	職場・家庭・学校などにおける立場や責任、葛藤、人間関係にともなうものなど

2 ストレス反応

　ストレス反応とは、ストレッサーによって引き起こされる、**身体面、心理面、行動面に現れる反応**のことです。不調も次の順番で現れることが多いです。

身体症状➡精神症状➡行動の変化や社会活動性の低下

言葉の定義はよく覚えましょう。ストレス反応が現れる順番を逆にするような問題にひっかからないよう注意！
ちなみに、ストレスに関して、学問的に確立された定義はまだありません。

② 職業性ストレスモデル　　　　重要度 🐾

　職場には前述のようにさまざまなストレッサーがありますが、だからといってすぐに疾患やメンタルヘルス不調になるわけではありません。性格や年齢、ものの捉え方などの**個人的要因**、家庭やプライベートなどの**仕事以外の要因**、また、ストレッサーをクッションのように和らげてくれる周囲からの支援などの**緩衝要因**が複合的に絡み合います。

　米国立労働安全衛生研究所（NIOSH）が提示した**職業性ストレスモデル**は、職場のストレス要因を受けて、ストレス反応（心理面、身体面、行動面への変化）が起き、やがてストレスに関連した不調や疾患、作業能率低下などの問題が生じる、という一連のプロセスを示しています。

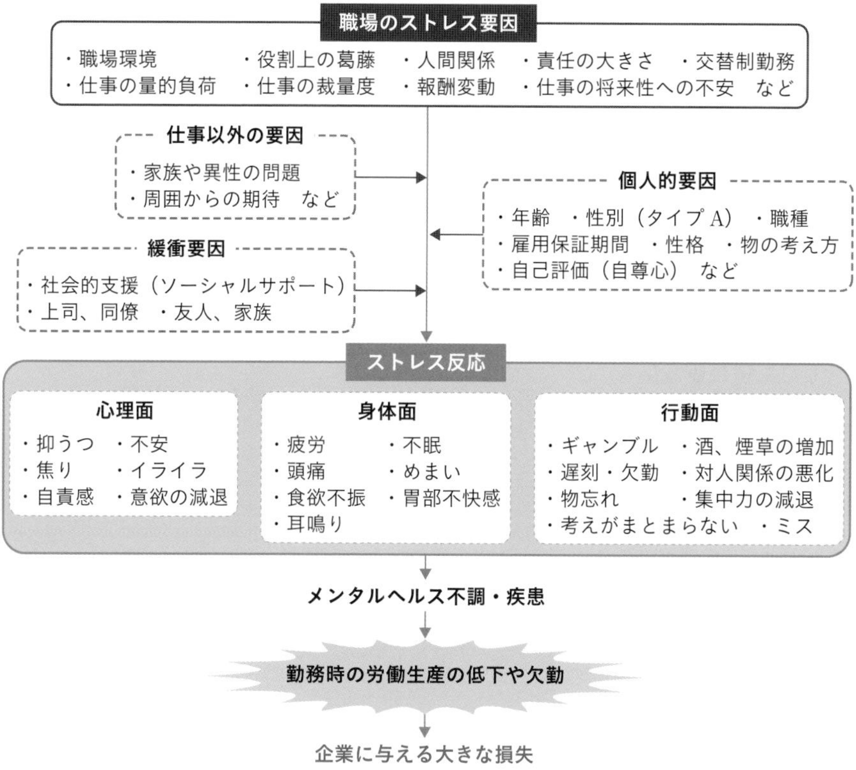

職場のストレス要因

・職場環境　　　・役割上の葛藤　・人間関係　・責任の大きさ　・交替制勤務
・仕事の量的負荷　・仕事の裁量度　・報酬変動　・仕事の将来性への不安　など

仕事以外の要因

・家族や異性の問題
・周囲からの期待　など

個人的要因

・年齢　・性別（タイプA）　・職種
・雇用保証期間　・性格　・物の考え方
・自己評価（自尊心）　など

緩衝要因

・社会的支援（ソーシャルサポート）
・上司、同僚　・友人、家族

ストレス反応

心理面	身体面	行動面
・抑うつ　・不安 ・焦り　・イライラ ・自責感　・意欲の減退	・疲労　　・不眠 ・頭痛　　・めまい ・食欲不振　・胃部不快感 ・耳鳴り	・ギャンブル　・酒、煙草の増加 ・遅刻・欠勤　・対人関係の悪化 ・物忘れ　　・集中力の減退 ・考えがまとまらない　・ミス

メンタルヘルス不調・疾患

勤務時の労働生産の低下や欠勤

企業に与える大きな損失

◀ 図1　NIOSH の職業性ストレスモデル ▶

　ストレッサーが強過ぎる、いくつか重なってしまう、長期的に続くなどの状況があると、まずはストレス反応が現れます。ストレス反応が出たときに、「これは自分の心身からのSOSだな」と受け止め、早期にセルフケアを行えば回復も早くなります。しかし、日常の忙しさに任せてストレス反応を長期間放っておくと、やがて悪化して疾病や健康障害、メンタルヘルス不調につながってしまうのです。

　NIOSHの職業性ストレスモデルは、それぞれの要素の名称、関係性、健康障害が発生してしまうまでの流れを覚えましょう。
　「個人的要因」のところに記載のある「タイプA」という性格は、競争心や出世欲が強く、野心的・攻撃的で、せっかちであることから、高血圧や心筋梗塞などの冠動脈疾患になりやすいことが知られています。

❸　健康障害が起こるメカニズム　　重要度 🐾

　ストレスによって健康障害が起こるメカニズムの概要は図2のとおりです。強いストレッサーにさらされたときの情動的興奮（感情）（図2の③）は、脳内の神経伝達物質（ノルアドレナリン、ドーパミン、セロトニンなど）によって引き起こされています。ストレッサーが強過ぎたり、長く持続し過ぎたりすると、この神経伝達物質の産生や伝達に障害が出る、つまりバランスが崩れます。
　結果として、強い不安や抑うつ気分、意欲の低下などが引き起こされ、うつ病や不安障害につながるのです。

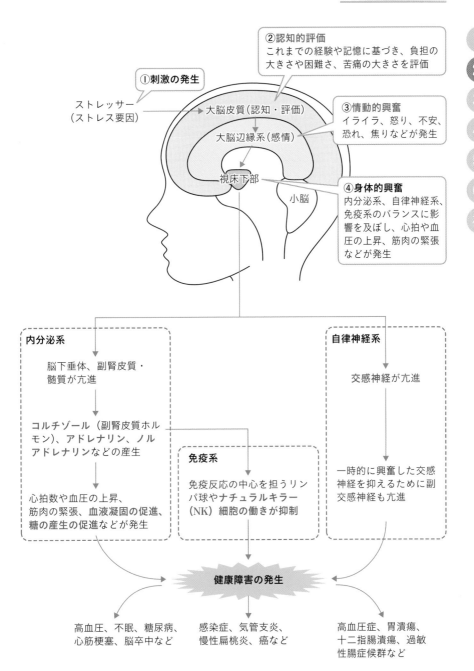

②認知的評価
これまでの経験や記憶に基づき、負担の
大きさや困難さ、苦痛の大きさを評価

①刺激の発生

ストレッサー
（ストレス要因）

大脳皮質（認知・評価）

③情動的興奮
イライラ、怒り、不安、
恐れ、焦りなどが発生

大脳辺縁系（感情）

視床下部

小脳

④**身体的興奮**
内分泌系、自律神経系、
免疫系のバランスに影
響を及ぼし、心拍や血
圧の上昇、筋肉の緊張
などが発生

内分泌系

脳下垂体、副腎皮質・
髄質が亢進

コルチゾール（副腎皮質ホル
モン）、アドレナリン、ノル
アドレナリンなどの産生

心拍数や血圧の上昇、
筋肉の緊張、血液凝固の促進、
糖の産生の促進などが発生

免疫系

免疫反応の中心を担うリン
パ球やナチュラルキラー
（NK）細胞の働きが抑制

自律神経系

交感神経が亢進

一時的に興奮した交感
神経を抑えるために副
交感神経も亢進

健康障害の発生

高血圧、不眠、糖尿病、
心筋梗塞、脳卒中など

感染症、気管支炎、
慢性扁桃炎、癌など

高血圧症、胃潰瘍、
十二指腸潰瘍、過敏
性腸症候群など

◀図2　ストレスによって健康障害が起こるメカニズム▶

④ ストレス増加の社会的背景

重要度

社会的背景や時代の流れにともなう、大きな意味での産業ストレスも、私たちに影響しています。例えば、**経済のグローバル化**により、企業間の競争は激化するばかりです。**情報化、IT化、サービス産業の発展**を受けて、仕事の質的な難しさも増しています。また、**終身雇用制の崩壊や成果主義の導入**も雇用不安に繋がりました。

一方で、少子化や教育の影響で**個人主義傾向が強まりました**。若年労働者の企業への忠誠心の低さ、**コミュニケーションスキル・対人関係スキルや自立心の不足**といった課題もあり、若い労働者のよさを引き出して行く、**新しいマネジメント体制が必要とされている**のです。

また、働き方改革の推進や新型コロナウイルス感染拡大により、リモートワークが一気に拡大しました。リモートワークの推進は、ニューノーマルへと意識を改革し、自由な働き方を促進しましたが、コミュニケーション機能の低下、業務管理や勤怠管理の難しさを招いているという側面もあります。在宅勤務による孤立感、生活習慣の乱れも心配です。今、こうした時代の変化に合わせたマネジメント方策をつくり上げていくことが重要な課題となっています。

さらに、ハラスメントの問題も社会的な関心が高くなっています。なかでも職場で問題になりやすいのは、**セクシュアルハラスメント（セクハラ）とパワーハラスメント（パワハラ）**です。さらに、最近では、働く女性が妊娠・出産を理由に解雇・雇止めをされることや職場で嫌がらせを受けることを**マタニティハラスメント（マタハラ）**と呼んでいます。

◀ パワーハラスメントの定義 ▶

　職場において行われる①優越的な関係を背景とした言動であって、②業務上必要かつ相当な範囲を超えたものにより、③その雇用する労働者の就業環境が害されること（労働施策総合推進法　30条の2より）

※①②③をすべて満たすものがパワーハラスメントとして定義されています。

　ちなみに、職場内の優位性とは、上司から部下に行われるものだけでなく、先輩・後輩間や同僚間、さらには部下から上司に対してさまざまな優位性を背景に行われるものも含まれます。

パワーハラスメントの内容は、次の 6 種類に分類されています。

◀パワーハラスメントの種類と具体例▶

① 身体的な攻撃

　　【例】暴行など

② 精神的な攻撃

　　【例】暴言など

③ 過大な要求

　　【例】実行不可能な仕事の強制など

④ 過小な要求

　　【例】能力とかけ離れた容易な仕事を命じるなど

⑤ 人間関係からの切り離し

　　【例】無視など

⑥ 個の侵害

　　【例】私的なことに過度に立ち入るなど

2016 年に厚生労働省が行った「パワハラの発生と対策に関する実態調査」では、以下がわかっています。

●過去 3 年間にパワハラの相談を受けたことがある企業：36.3%

●過去 3 年間にパワハラを受けたことがある労働者：32.5%

●パワハラの対策を行っている企業：52.2%

●効果のある取り組み：相談窓口の設置、管理職および一般職の研修（複数回）

なお、業務による精神障害の労災申請や認定件数は、年々増加しています。

◀労災補償状況（2020 年度）▶

■ **精神障害に関して**

　① 請求件数は 2,051 件（前年度比 9 件の減少）

　② 支給決定件数は 608 件（前年度比 99 件の増加）

■ **脳・心臓疾患に関して**

　① 請求件数 784 件（前年より減少）

　② 支給決定件数 194 件（前年より減少）

---

⑤ 女性労働者の活躍とストレス　　　　　重要度🐾🐾

1 女性労働者のストレス

女性労働者は、一般的なストレスに加え、女性特有のストレスがあります（表2）。

◀表2　女性労働者のストレス▶

ストレス	具体例
① マタニティハラスメント	妊娠、出産に関連する嫌がらせなど
② 出産・育児休業にともなうストレス	キャリアが中断してしまう、復職後の育児と仕事の両立の苦労など
③ 家庭におけるストレス	モラルハラスメント（モラハラ）、家庭内暴力など
④ 生物学的特性にともなうストレス	月経痛、月経前症候群、更年期障害など

さらに、それらストレスに関して、次のような辛い女性特有の身体症状を感じている人の割合を見てみましょう。

◀生物学的特性にともなうストレスに関連する数値▶

「月経痛が重い女性」	3割以上
「生理休暇がとりづらいと感じている女性」	約4割
「月経前症候群の有病率」	5.4%
「月経前不快気分障害の有病率」	1.2%
「産後うつ病の発症」	産後6か月の間に約1割
「更年期障害」	閉経後の女性の約半数が経験

子どものいる女性労働者は、帰宅してからも家庭での役割負荷が高く、**ノルアドレナリン**や**コルチゾール**などのストレスホルモンが高値であることが指摘されています。

2 セクハラ・マタハラ

セクシュアルハラスメント（セクハラ）に関しては、法律も整備され、事業主の対策も進んではいますが、厚生労働省が 2016 年に行った委託調査では、セクハラ被害者は **28.7%** と報告されています。

また、**マタニティハラスメント（マタハラ）**被害者は **21.4%** でした。

> ●セクハラ被害…正社員が多い（34.7%）⇔契約社員（24.6%）派遣社員（20.9%）
> ●マタハラ被害…派遣社員が多い（45.3%）⇔正社員（22.3%）契約社員（13.2%）

　2019 年には労働施策総合推進法が改正され、職場におけるパワハラの防止対策が事業主に義務づけられていますし、男女雇用機会均等法および育児・介護休業法においては、セクハラやマタハラ防止対策の措置に加え、相談したことを理由とする不利益な取扱いの禁止や、国・事業主・労働者の責務が明確化され、ハラスメント防止対策は強化されています。また、ハラスメントを行った社員に対しては、厳正な処分を行うことを服務規定として文書化することも求められています。

　セクハラに関する注意点は、以下の通りです。

> ●「性的言動」には、性的な内容の発言、性的な行動が含まれる。
> ●性的な言動を行う者としては、事業主、上司、同僚、取引先の事業主や社員、顧客、患者やその家族、学校の先生、生徒などがなり得る。
> ●男女ともに、行為者にも被害者にもなり得る。
> ●異性だけでなく、同性に対する言動も該当する。
> ●被害者の性的指向、性自認に関わらず、性的な言動であればセクハラになる。

　マタハラに関する注意点は、以下の通りです。

> ●発生の背景には、妊娠・出産・育児休業・不妊治療に関する否定的な言動が頻繁に行われるなど、制度の利用がしにくい職場風土の存在が考えられる。
> ●制度が利用できることの周知不足も考えられる。

❸ 女性労働者の活躍

　女性労働者の活躍推進は国も対策を進めていますが、2020 年の「男女共同参画白書」では、女性管理職の割合は **37.2%**（係長級 18.9%、課長級 11.4%、部長級 6.9%）であり、米国の 43.4% と比較しても、低い割合です。

　そうした背景を受けて、2015 年 8 月に**女性活躍推進法**（正式名称：女性の職業生活における活躍の推進に関する法律）が制定されました。対象は**従業員 301人以上の事業場の事業主、国・地方公共団体**で、義務の内容は次の通りです。

◀ 企業の義務 ▶

(1) 自社の女性の活躍に関する状況把握・課題分析
　　① 採用者に占める女性比率
　　② 勤続年数の男女差
　　③ 労働時間の状況
　　④ 管理職に占める女性比率
(2) その課題を解決するのにふさわしい数値目標と取組みを盛り込んだ行動計画の策定・届出・周知・公表

　なお、同法は 2019 年 5 月に改正され、社員 301 人以上の事業所では、2020 年 4 月以降に開始する **「一般事業主行動計画」** において数値目標を作成し、2 項目以上の女性活躍に関する情報公表を行うこととなりました。

　また、2022 年 4 月以降は、以下が義務化されます。

① 自社の女性の活躍状況の把握・課題分析

② 行動計画の策定（数値目標 1 項目以上）と、社内周知・外部公表

③ 行動計画を策定した旨を労働局へ提出

④ 女性の活躍に関する情報公開（1 項目以上）

さらに、特例認定制度「プラチナえるぼし」も創設されています。

◀ 事業場が行う対策 ▶

① 産業保健スタッフによる支援
② 仕事と家庭の両立支援
③ ワーク・ライフ・バランスの実現
④ ポジティブアクション（社会的、構造的な差別によって不利益を受けている者に対して、特別な機会を提供するなどして実質的な機会均等を実現することを目的として講じられる暫定的な措置）の実施
⑤ ストレスチェック制度の活用

---

6 非正規雇用者のストレス　　重要度🐾

　総務省による **労働力調査** によると、2020 年の雇用者の状況は図 3 の通りとなっています。正規雇用者は男性の比率が高く、非正規雇用者は女性の比率が高いことがわかります。なお女性労働者のうち、正規雇用者は **45.6%**、非正規雇用者は **54.4%** です。

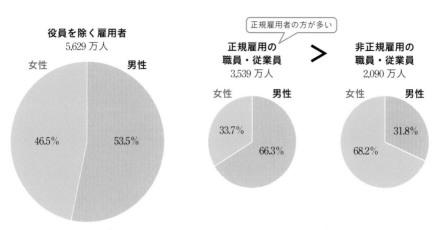

◀図3　雇用者とその就労形態別における男女比▶

非正規雇用者の内訳は以下の図の通りです。

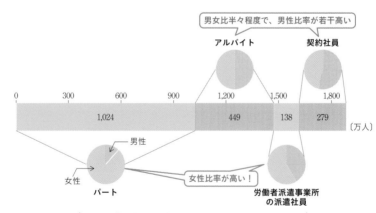

◀図4　非正規雇用者における雇用形態別の男女比▶

人数やパーセンテージを覚えるというよりは、傾向をつかみましょう！

　非正規雇用者は、将来の不安定さ、処遇の低さ、人間関係の希薄さなどから正規雇用者よりもストレスが大きいと考えられてきましたし、**実際、非正規雇用者のほうが心身の症状が多いとする報告が多いのです。**

しかし、国内外の調査によっては、「差がない」とする報告も見られます。そのポイントは「不本意ながら非正規雇用となっているか」「自発的にその雇用形態を選んでいるか」の違いによるようです。また、現在の就業状況にかかわらず、**ポジティブなキャリア感を持つことがメンタルヘルスにとっては重要**であることも報告されています。

世代別のストレスの特徴　　重要度 🐾🐾

世代によって、人生のステージなどが異なるため、ストレスの特徴が異なります。また、対応策も世代によって変える必要があります。

厚生労働省（2020 年発表）によると、**大卒者では約 32.8%**、**高卒者では約 39.5%** の新入社員が就職後 **3** 年以内に転職・退職しているそうです。

◀表3　ストレスの特徴と対応策▶

世代	特徴	対応策
新入社員・若年社員 ※15 歳〜30 代前半	・親から自立し、学生から社会人へ社会的立場が変わったことによるプレッシャーがある ・入社前に抱いていた理想と現実のギャップの間で葛藤が生じることがある ・一部、未熟であるがゆえの自己愛の強さ、他責性の強さ、忍耐力の乏しさから職場になじめず、自分からすすんで容易に休職に入るような事例もみられる	・上司や先輩、人事部といった周囲の関係者が社会人としての精神的成長を助ける ・業務やルールは厳しく指導する一方で、簡単にレッテルを貼ることなく、「成長過程にある人材」という目線を常に持って接する
青壮年社員・中堅社員 ※30 代後半〜45 歳	・働き盛りであるがゆえの過重労働に陥りやすい ・**管理職は若年化の傾向で、プレイング・マネージャー**としての負荷がある ・実務遂行力、戦略立案、方向性指示が求められ、業務内容が**複雑化、高度化** ・中途社員は即戦力として期待されるプレッシャーや人間関係の悩みが生じやすい ・結婚や出産、住居購入といったプライベートでの大きな節目が過重労働など職場のストレスと重なるときは特に注意が必要	・過重労働対策 ・管理職がよくコミュニケーションをとり、本人が許す範囲でプライベートな面を含めて本人が抱える状況を把握しておくと、疲労の蓄積などの変化に早めに気づくことができる ・ワーク・ライフバランスをとる

◆表3　ストレスの特徴と対応策（続き）▶

世代	特徴	対応策
中高年社員・管理職 ※45歳～65歳	・心身機能の衰えによる疲れを感じることが多くなる ・管理職の場合は、業績に対する責任、部下の管理といったプレッシャーがかかる ・子どもの受験や親の介護といったプライベートでのストレスが重なることも多い	・一般的に、自らすすんでまとまった休暇をとったり、リフレッシュすることが苦手な世代 ・定期的に管理職研修を実施し、セルフケアの必要性、重要性を論理的に伝える
高年齢社員 ※65歳以上	・定年延長や定年後の再雇用など、雇用形態の変化により、それまでと役割が変わることに対するストレスを感じることがある ・国際比較調査でも就労意欲は高いことが報告されているが、一方で給与や処遇に対する改善要求も高い ・反射神経、記銘力（新しいことを覚える能力）、想起力（記憶したことを思い出す能力）は衰えることが多い ・流動性知能といわれる、情報を獲得し処理することで新しい環境に適応したり、問題の解決策を模索する力は40歳をピークに低下していく ・結晶性知能といわれる、経験や知識を生かして総合的に判断する力は、経験を積んでいけば80歳に至るまで上昇し続ける ・親の死や自身の体力の衰え、持病による辛さを抱えることも多い	・後進への技術の伝承など、豊富な知恵や経験を活かせる職務設計を行う ・管理職と同様、セルフケアの重要性を伝える

だいたい常識的な判断で解答できそうですが、「管理職の高齢化（×）の流れの中で～」などというひっかけ問題につまずかないように。
また、「高年齢者雇用安定法」により、現在65歳までの雇用が企業には義務づけられていますが、同法の改定により、2021年4月1日より、70歳までの就業機会を確保するための措置を行うことが「努力義務」となりました。
就労意欲に関する国際比較調査（第8回）によると、日本では44.9%の高齢者が就労意欲をもっており、1位でした。
（2位：米国39.4%、3位：スウェーデン36.6%、4位：ドイツ22.7%）

8　ワーク・エンゲイジメント　　重要度 新項目

　心理学では 2000 年頃から、マイナスをゼロに戻すという分野だけでなく、人間の強みやパフォーマンス向上など、ゼロをプラスに、プラスをもっとプラスにしていくというポジティブな側面にも注目をするようになりました。そのなかでも、近年、健康増進と生産性向上の両立を目指すキーワードとして、「ワーク・エンゲイジメント」が注目されています。

> ■「**ワーク・エンゲイジメント**」…仕事に誇りややりがいを感じている（**熱意**）、仕事に熱心に取り組んでいる（**没頭**）、仕事から活力を得て活き活きとしている（**活力**）の３つがそろった状態。「バーン・アウト（燃え尽き）」の対概念と位置づけられる。

ワーク・エンゲイジメントが高いと、以下のような効果があるとされています。

> ① 健康…心身の健康状態が良く、睡眠の質が高い。
> ② 仕事・組織に対する態度…職務満足感や組織への愛着が高い。離職・転職の意思が低い。疾病休業の頻度が低い。
> ③ パフォーマンス…自己啓発学習への動機づけや創造性が高い。役割行動だけでなく、それ以外の行動も積極的。部下への適切なリーダーシップ行動が多い。

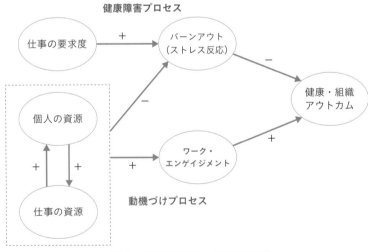

◀図5　仕事の要求度―資源モデル▶

出典：島津明人、大阪商工会議所『メンタルヘルス・マネジメント®検定試験公式テキスト（第5版）[Ⅲ種セルフケアコース]』中央経済社、2021 年

「仕事の要求度が高く、資源が少ないと、バーン・アウト（ストレス反応）を引き起こし、健康や組織に悪い影響がある」という流れを「**健康障害プロセス**」といいます。従来のメンタルヘルス対策は、この流れを軽減することを目指していました。

一方、「仕事や個人の資源が多いと、ワーク・エンゲイジメントにつながり、健康や組織に良い影響がある」という流れを「**動機づけプロセス**」といいます。活き活きとした職場づくりのためには、仕事や個人の資源を増やすことが重要になってきます。

ちなみに「仕事の資源」とは、仕事の裁量権、上司や同僚からの支援、仕事の意義、組織との信頼関係などをいいます。「個人の資源」とは、自己効力感やレジリエンスなど、個人が持つ強みのことです。

過去問題・予想問題を解いてみよう!!

問題1 **ストレス** 26回第2問[1]

ストレスに関する次の記述のうち、最も適切なものを1つだけ選べ。

① ストレスに関して、学問的にしっかり確立された定義がある。
② ストレス要因によって引き起こされたイライラ感や抑うつ気分などの精神症状や食欲不振、胃痛、下痢などの身体症状を含めてストレッサーと呼ぶ。
③ 時代の流れにともなって、新たなメンタルヘルス不調の動向が生じていることも事実であることから、心の健康問題は「単なる気の持ちよう」として片付けてしまってもよい。
④ ストレスによる反応が持続して症状として固定すれば、いわゆるストレス病になる。

解説 ① 学問的にしっかり**確立した定義はない**といわれています。
② ストレッサーとはストレス要因のことなので、**症状は含めません。**
③ **心の健康問題は、単なる気の持ちようではありません。** 早期に適切に対処をしなければ、メンタルヘルス疾患に繋がってしまいます。 【解答】④

問題❷ ストレス　　　　　　　　　　27回第2問[1]

ストレスに関する次の記述のうち、最も適切なものを1つだけ選べ。

① ストレッサーに直面すると、その負担の大きさや困難性などがまず大脳皮質で評価され、次にこれらの情報は視床下部に伝達されて、様々な感情を引き起こし、その刺激が大脳辺縁系へと伝達される。

② ストレス要因によって引き起こされた精神症状と身体症状、喫煙や飲酒の増加などの行動の変化を含めてストレス反応と呼び、ストレス要因とストレス反応を合わせたものをストレスと総称している。

③ ストレス状態で内分泌系の中枢である視床下部の神経細胞が活性化されると、脳下垂体、副腎皮質系が刺激され、これによって産生されたホルモン類は糖の産生を抑制し、胃酸の分泌を促進し、免疫能を抑制する。

④ 強いストレス状態のときや不安を感じるとセロトニンが分泌され、血圧や心拍数の増加、中枢神経覚醒作用があり、高血圧や狭心症、脳卒中などの原因となる。

解説 ①「視床下部」と「大脳辺縁系」の記載が逆です。
③糖の産生は「**促進**」されます。
④セロトニンではなく、**アドレナリン**です。　　　　　【解答】②

問題❸ ストレス　　　　　　　　　　29回第2問[1]

ストレスに関する次の記述のうち、最も不適切なものを1つだけ選べ。

①「ストレスが多い」といった場合、ストレッサーが多いことを示し、「ストレスでイライラする」といった場合、ストレス反応を示す。

② ストレス状態で視床下部の神経細胞が活性化されると、自律神経系、内分泌系、免疫系に影響を与える。

③ ストレスによる健康障害のメカニズムにおいて、ストレッサーに直面すると脳の中の大脳皮質で評価され、その情報は大脳辺縁系に伝達され、不眠症、不安障害、うつ病などが引き起こされる。

④ 自律神経系には中枢神経系と末梢神経系があり、生命の危機などの強いストレッサーに直面すると中枢神経系が優位になり、アドレナリンの分泌が亢進する。

解説 ④自律神経系は、**交感神経系**と、**副交感神経系**があり、ストレッサーに直面すると、**交感神経系が優位**になります。　　　　【解答】④

問題 4 健康障害のメカニズム

ストレスによる健康障害のメカニズムに関する次の記述のうち、最も**不適切な**ものを 1 つだけ選べ。

① アドレナリンは強いストレス状態のときや不安を感じる状況で分泌され、中枢神経系を興奮させるので不眠の原因ともなる。

② ストレス状態では、分泌されたホルモンの一部がリンパ球やナチュラルキラー（NK）細胞の働きを亢進するため、癌の成長が促進される、という報告がある。

③ 副交感神経系は消化器の機能も調整しており、胃潰瘍や、下痢、腹痛、便通異常を特徴とする過敏性腸症候群などの発生に関係している。

④ 持続的な慢性ストレス状態では、内分泌系や自律神経系の機能が亢進し、免疫系が抑制される。

解説 ② ストレス状態では、免疫機能を担うリンパ球やナチュラルキラー細胞の働きが「抑制」されてしまいます。 【解答】②

問題 5 産業ストレス

産業ストレスに関する次の記述のうち、最も**不適切な**ものを 1 つだけ選べ。

① 少子化、高学歴化による個人主義の傾向や、対人関係のスキルが不足した若年労働者の増加を考慮した新しいマネジメント体制が必要となっている。

② 労働施策総合推進法の定義によると、パワーハラスメントとは「職場において行われる優越的な関係を背景とした言動であって、業務上必要かつ相当な範囲を超えたものにより、その雇用する労働者の就業環境が害されること」とされている。

③ 精神障害の労災認定基準には、職場のいじめや嫌がらせ、セクシュアルハラスメントに関する記載はない。

④ NIOSH（米国立労働安全衛生研究所）の職業性ストレスモデルにおける個人的要因には年齢、性別、結婚生活の状況、雇用保証期間、職種、性格、自己評価などがある。

解説 ③ 精神障害の労災認定基準には、パワーハラスメントにあたる職場のいじめや嫌がらせ、セクシュアルハラスメントに関する記載はあります。 【解答】③

問題6 **産業ストレス**　　　　　　　　27回第2問[3]

　産業ストレスに関する次の記述のうち、最も**不適切なもの**を1つだけ選べ。

① 近年、多くの企業はダウンサイジングやリストラクチャリングを進めており、急速な構造的変化に伴う労働環境の変化は、個々の労働者のストレスを増していると考えられる。

② マタニティハラスメントはセクシュアルハラスメントとともに女性の活躍を阻害する要因となっており、改善を促進するために法的対策もとられている。

③ 業務による精神障害や脳・心臓疾患（いわゆる過労死）の労災請求件数は年々増加し、2020年度はともに年間2,000件を超えている。

④ 厚生労働省の「職場のいじめ・嫌がらせ問題に関する円卓会議」のワーキング・グループが作成した資料によれば、パワーハラスメントは、その内容によって身体的な攻撃、精神的な攻撃、人間関係からの切り離し、過大な要求、過小な要求、個の侵害、の6つに分類される。

解説 ③ 精神障害の請求件数は2,000件を超えていますが、脳・心臓疾患の請求件数は784件で、1,000件未満となっています。　　　　　　　　　　　【解答】③

問題7 **職業性ストレスモデル**　　　　　　27回第2問[2]

　NIOSH（米国立労働安全衛生研究所）の職業性ストレスモデルに関する次の記述のうち、最も**不適切なもの**を1つだけ選べ。

① 職業に伴う様々なストレッサーと、ストレッサーによって引き起こされるストレス反応と病気への進展を横軸としている。

② ストレス反応の過程に影響を与えるものとして、個人的要因、仕事以外の要因、緩衝要因、遺伝的要因の4つがある。

③ 個人的要因には、年齢、性別、雇用保証期間、職種（肩書）、自己評価（自尊心）などがある。

④ このモデルは、職業性ストレスに関する膨大な研究報告を基にしてつくられた仮説である。

解説 ② 本モデルにおいて「遺伝的要因」は考慮されていません。　　【解答】②

※選択肢①の「横軸」というのは、間違えではありません。本テキストでは、構成の都合上、職業性ストレスモデルの進展を上から下に表記していますが、原典は左から右へと表記されています。

問題 8 非正規雇用者等　　　　　　　　　　　　　　26回第2問[3]

　女性労働者や非正規雇用者（非正規労働者）のストレスに関する次の記述のうち、最も**不適切な**ものを1つだけ選べ。

① 非正規雇用者は、雇用の不安定さや賃金や待遇が良くないこと、人間関係が希薄であることなどから、ストレスが高くメンタルヘルスはよくないと考えられてきたが、これまでの国内外の調査では非正規雇用者と正規雇用者では差がないとする報告もみられる。

② 2012年に行われたインターネット調査では、非正規雇用者や失業者でも自発性の有無がメンタルヘルスにとっての重要な要因になっていること、また現在の就業状況に関わらずポジティブなキャリア感を持つことが、非正規雇用者のメンタルヘルスにとってより重要であることが報告されている。

③ 総務省の労働力調査では、2020年平均の役員を除く雇用者総数は約5,600万人で、正規雇用者より非正規雇用者の方が多い。

④ 2020年の「男女共同参画白書」によると、女性管理職の割合は4割弱であり、米国と比較しても低い割合である。

解説 ③ 人数は正規雇用者の方が非正規雇用者よりも多いです。　　　　【解答】③

問題 9 雇用形態等　　　　　　　　　　　　　　　　29回第2問[4]

　ライフサイクルや女性労働、雇用形態等に関する次の記述のうち、最も**不適切な**ものを1つだけ選べ。

① 厚生労働省の2020年発表の調査結果によれば、大卒では約3割、高卒者では約6割強の新入社員が就職後3年以内に転職・退職していることが報告されている。

② 昨今は管理職の若年化の流れの中で、プレイング・マネージャーが増加している。

③ 総務省の労働力調査では、2020年の正規雇用者は約3,500万人で、非正規雇用者は約2,000万人と報告されており、非正規扉用者には、パート、アルバイト、派造社員、契約社員、嘱託等が含まれる。

④ 総務省の労働力調査では、2020年の女性労働者は正規扉用者が約46％、非正規雇用者が約54％と非正規雇用の方が多い。

解説 ① 高卒者では約4割弱と報告されています。　　　　　　　　【解答】①

問題10 ライフサイクル等　　　　　　　　　　　**25回第2問[5]**

　ライフサイクルや女性労働、雇用形態とストレスに関する次の記述のうち、最も不適切なものを1つだけ選べ。

① 壮年期（30歳代後半から45歳くらいまで）の労働者は、同種の他企業から即戦力として中途採用されることも少なくなく、移籍の際に、社風や仕事の進め方、評価制度の違いなどに対する戸惑いや不満等でメンタルヘルス不調に陥る社員も見られる。

② 正規雇用を希望していたが、職がないために不本意ながら非正規雇用を選んだ非自発的非正規雇用者（不本意型）と、自ら希望して非正規雇用者となった者（本意型）、正規雇用者、失業者の比較で、不本意型は本意型よりストレス心身症状が多く、失業者に近い特徴を示した調査結果もある（「非正規労働者の希望と現突一不本意型非正規雇用の実態」2011年）。

③ 高年齢者では、反射神経機能や記銘力は低下し、情報を獲得し処理する能力（流動性知能）は、40歳ごろをピークに加齢に伴い低下し、知識や経験を活かして総合的に判断する能力（結晶的知能）も年々低下傾向がみられ、80歳に至ると50歳ごろの約半分になる。

④ 女性労働者のストレス対策としては、男女雇用機会均等法や労働基準法、育児・介護休業法、ワーク・ライフ・バランス憲章、ハラスメント対策ガイドラインなどの活用がある。

解説 ③ 結晶性知能は、経験を積んでいけば、80歳に至るまで上昇し続けるといわれています。　　　　　　　　　　　　　　　　　　　　　　　　　　【解答】③

心身症・メンタルヘルス不調

1 ストレス関連疾患　　　重要度 🐾🐾🐾

　高血圧症や糖尿病などに代表される身体疾患のうち、ストレスと関連のある身体疾患のことを**ストレス関連疾患（心身症）**といいます。発症の原因や症状の経過と、心理社会的なストレッサーとの間に時間的な関連性が認められる疾患です。この関連性を**心身相関**と呼びますが、誰しも、体と心は密接に繋がっていることを実感したことがあると思います。

　心に負荷がかかり過ぎたために、体のほうへ器質的、機能的な障害が出てしまったと考えるとわかりやすいでしょう。

　「心理社会的なストレッサー」と関係があるということは、職場での仕事のストレスとも重要な関連があります。職場で心身症が見られたときは、職場のストレス要因やサポートの状況を見直すことが必要です。**心身症は身体疾患**ですので、身体に辛い症状が現れます。身体症状を自覚したら、直属上司や産業保健スタッフに早期に相談することが大切です。

　心身症には、高血圧症や消化性潰瘍（胃潰瘍、十二指腸潰瘍など）、**過敏性腸症候群**などから、円形脱毛症、過換気症候群（過呼吸症候群ともいう）、顎関節症、**緊張型頭痛**、難聴、多汗症、チック症、アトピー性皮膚炎、**摂食障害**、甲状腺機能亢進症、月経異常、更年期障害など、さまざまなものがあります（p.129）。

　そのうち、代表的な心身症について、特徴などを表1にまとめました。

◀ 表1　各疾患と治療のポイント ▶

疾患	特徴	治療のポイント
過敏性腸症候群	・ポリープや癌ではないのに、症状が出る。**消化管の運動機能異常と腸の拡張時に痛みを感じやすい** ・「下痢型」「便秘型」「不安定型（下痢と便秘の交替型）」がある ・腹痛のほか、食欲不振や嘔吐、胸やけ、疲れやすさ、不安感や抑うつ感などを伴う場合もある	・**心身相関への気づきを促し、症状を主体的にコントロールできるようになる**ことを目指す ・**規則正しい生活（食事・睡眠・運動）**で心身のリズムを回復させる ・ストレッサーを取り除く ・薬物治療と並行して、症状が出やすいシチュエーションに対する行動療法を行う 【例】満員電車でいつもお腹が痛くなる 　　　→出勤時間を変えてみるなど
緊張型頭痛	・頭をタスキなどで締めつけられているような頭痛、**ジワジワした連続性の痛み** ・日常生活は若干制限されるものの、**寝込むほどではない** ・偏頭痛にみられるような吐き気はない	・リラックスや入浴、軽い運動が有効 ・**認知行動療法（CBT）を試す** ・「痛くてもできたこと」に焦点をあて、「頭痛があるうちは何もできない」などといった認知を修正していく
摂食障害	・食事や体重に異常なこだわりがあり、太ることへの恐怖感が強い ・**思春期から青年期にかけての女性に多く**みられる 〈神経性食欲不振症〉 　・極度に痩せているにも関わらず、「まだ太っている」と思い込み、食べたものを吐いたり、下剤を乱用するが、活動性は高い 〈神経性大食症（過食症）〉 　・大量の食べ物を一気に食べ、直後に嘔吐したり、下剤や利尿剤を乱用する 　・体重は正常範囲内であることが多い 　・「過食→嘔吐」の繰り返しに自己嫌悪に陥り、ひどい落ち込みに襲われることも多い	・治療は困難で、長期化することが多い ・**神経性食欲不振症は、自分は太っていると思い込んでいるので、治療へ積極的に参加しない傾向があり、神経性大食症（過食症）は、「過食→嘔吐」が1つの習癖として形成されてしまっているため治療が困難** ・「食べる・食べない」といった表面上の問題行動の背景にある「本当の問題」は何なのか、時間をかけて探求し、解決していくことが必要 ・落ち込みが激しいと、**自傷行為（リストカットなど）**におよぶこともある。**死に至るケースは少ないが、心のSOSとして真摯に受け止め、医療につなげる**

表の中の細かい記述はつい読み飛ばしてしまいがちですが、心身症の1つひとつの特徴は、しっかりと覚えましょう！ 細かい内容まで出題される傾向があります。

2 メンタルヘルス不調　重要度

「労働者の心の健康の保持増進のための指針（メンタルヘルス指針）」において、次のように定義されています。

メンタルヘルス不調の定義

メンタルヘルス不調とは、精神および行動の障害に分類される精神障害や自殺のみならず、ストレスや強い悩み、不安など、労働者の心身の健康、社会生活および生活の質に影響を与える可能性のある精神的および行動上の問題を幅広く含むもの

それでは、代表的なメンタルヘルス不調・精神疾患として、うつ病、統合失調症、アルコール依存症、パニック障害、適応障害、睡眠障害の特徴などを次にまとめたので、みていきましょう。

1 うつ病

うつ病の特徴や症状、治療方法は表2のとおりです。

表2　うつ病の概要

特徴	・**人口の1〜3%**にみられ、一生のうち一度以上うつ病にかかったことのある人は**7%前後**と、決して珍しい疾病ではない ・生真面目、模範的、几帳面、頑張りやなど、**本来社会適応がよかった人**が罹りやすい傾向にある ・本人は自分は病気だと気づきにくい、もしくは認めたがらないという傾向がある
症状	・下記のような症状が**2週間以上継続**し、**日常生活に支障をきたしている状態**であれば、うつ病が疑われる。初期症状としては、まず**身体面の症状**が自覚される ① 朝が特に不調 ② 次のような症状が現れる 精神面の症状：憂うつな気分、不安、おっくう感、絶望感、イライラ、怒りっぽくなる、自責感など 身体面の症状：不眠（入眠困難、中途覚醒、早朝覚醒）、疲労感、全身倦怠感、頭痛、食欲減退、性欲減退など その他の症状：集中力、意欲の低下、決断力の低下、興味の減退（今まで好きだったことに興味が持てなくなる）、快体験の喪失（入浴などをしても気持ちいいと感じられない）など

◀ 表2　うつ病の概要（続き）▶

治療	・原則は、「休養」と「服薬」
	・多くの場合、3〜6か月程度、職場を離れ、自宅療養が必要になる
	・復職した場合でも、その後、半年程度は通院、服薬を継続することが必要
	・自己判断で治療を中断してしまうと、再発のリスクが高まる

うつ病については「治る病気だが、治療にはそれなりに時間がかかる」と認識してください。

　なお、近年、上記とは違うタイプの「うつ」も職場で多くみられるようになっています。従来のうつ病にはあまりみられなかった**「他責性・自己中心的」「役割意識や責任感が希薄」「秩序やルールを嫌う」「うつの診断に自ら積極的」「自ら休職したがる」**などの特徴があります。その背景に、社会的な未熟さや仕事に対するモチベーションの低さ、対人関係スキルの不足などがある場合が多く、原則的なうつ病の治療が功を奏さないケースも多いようです。

　従来型のうつ病にならって長期に休職させるよりも、規則正しい生活（睡眠・食事・運動）ができるように指導したり、本人のやる気を引き出すようなマネジメントなど、社会的な成熟を助ける支援が有効になることが多いようです。

2 統合失調症

　症状が就業に支障がでるほど重く出ている場合は、医療につなげることになります。しかし、症状がうまく抑えられ、安定した経過をたどっている場合は、上司や同僚など周囲に理解を求め、就業を継続します。

◀ 表 3　統合失調症の概要 ▶

特徴	・2002 年に「精神分裂病」から呼称変更された
	・10 代後半から 30 代前半の若年者に発症しやすい
症状	・症状には**陽性症状**と**陰性症状**（後遺障害）がある
	陽性症状 ・妄想（どのような説得も受けつけず、訂正不能） ・幻聴、幻覚 ・現実と非現実の区別がつかない支離滅裂な思考など
	陰性症状 ・コミュニケーション障害 ・意欲や自発性の低下 ・引きこもり傾向など
治療	・就業しながらの治療は難しく、**比較的長期の治療**を要する
	・一方で、近年は薬物療法を中心とした治療法が進歩しているため、ずっと働けないということではなく、回復すれば、症状を抑えながら、就業などの社会活動を送ることが可能である

③ アルコール依存症

　アルコール依存症は症状が重くなってくると、朝からアルコール臭い、飲み会の場での逸脱行動、遅刻や欠勤など、職場においても就業に支障が出てきます。

◀ 表 4　アルコール依存症の概要 ▶

特徴	・「付き合いでたまに飲む程度（機会飲酒）➡毎日飲む（習慣飲酒）➡飲みすぎて記憶を失う（ブラックアウト）」という順に、徐々に飲酒量が増えていく
	・飲酒量が増えていく背景には、内心の葛藤や乗り越えられない問題などが隠されていることが多い
症状	・症状には**精神依存**と**身体依存**がある
	精神依存 ブラックアウトがたびたび起こるくらい過度な飲酒を続けていると、飲まずにはいられない、自分の意志でやめられないという精神状態になる
	身体依存 アルコールが切れると手が震える、冷や汗が出る、イライラする、眠れないなどの身体的な症状が出る
治療	・治療法は**完全断酒**しかない
	・依存が形成されていると、自分の意志だけで断酒するのは困難なので、入院や断酒会、AA といった自助グループへの参加、また、家族の協力が非常に重要になる

　※ AA（Alcoholics Anonymous：匿名アルコール依存症者の会）

４ パニック障害

「遅刻や欠勤が多いので、うつ病を疑っていたら、実は電車に乗るのがこわいという外出恐怖だった」という例があるように、本人が打ち明けたり、実際に不安発作が起きた場面に遭遇しないと、周囲が病気に気づくのは困難な疾患です。そのため、本人自ら上司や産業保健スタッフに相談することが大切です。

◀表5　パニック障害の概要▶

特徴	・身体的検査をしても、**どこにも明らかな異常所見が認められないにも関わらず**、下記のような症状が出る
症状	・突然起こる不安発作（動悸、めまい、息苦しさ、非現実感など）が繰り返される ・発作の際の自覚症状は「このまま死んでしまうのではないか」と感じるほど強烈なもの ・「また発作が起きたらどうしよう」という**予期不安**をともなう ・発作が起きるかもしれないシチュエーション（満員電車、人ごみなど）を避けようとするため、家から出られなくなるなど、行動範囲が極端に狭くなることがある（**外出恐怖、広場恐怖**）
治療	・薬物療法や行動療法など、有効な治療法がある程度確立されているため、**予後は比較的良好**である ・服薬は**1年程度継続**することが必要 ・空腹、怒り、孤立感、疲労、強いストレスなどは、症状悪化の背景要因となるため、規則正しい生活や、ストレスへの対処も重要となる

５ 適応障害

適応障害においては、本人をストレッサーから切り離せば、通常、症状は消えます。そのため、環境調整が有効ですが、繰り返しを避けるためには、本人のストレス対処能力を高めることが重要となります。

◀表6　適応障害の概要▶

| 特徴 | ・さまざまな生活領域（職場や家庭など）において、**「自らの内的要求や価値観に基づいた主体的な働きかけ」**と**「環境や周囲の人々からの要請」**がうまくかみ合わず、心身および社会的に不都合をきたしている状態
・軽度ではあるものの、病的な反応を引き起こしうる強さの**ストレッサー**（例：生活上の変化、職場でのストレスなど）が必ず存在する
・個人の素質や脆弱性、対処能力の問題もあるが、上記のストレッサーがなければ、発症はしなかったと考えられる。つまり、**ストレッサーと発症の間に明らかな因果関係**が認められる |

◀表6　適応障害の概要（続き）▶

症状	・主たる症状は、不安、憂うつ感、行為の障害（無断欠勤、人間関係トラブル、無謀な行為など）であり、**日常生活に支障が生じている状態**。臨床的に著しい情緒的苦痛もしくは社会的・職業的に機能障害を引き起こしている ・ただし、他のいずれの病気の診断基準も満たさない程度（正常な反応で生じ得る範囲内） ・発症はストレッサーの発生から**1～3か月以内**に起こり、症状の持続は**通常6か月を超えない**

❻ 睡眠障害

　ひとくちに睡眠障害といっても、さまざまな原因があり、治療法も異なるため、医師の診断が必要です。

　睡眠障害は、**脳の高次機能（注意力・集中力・問題処理能力など）の低下**を引き起こすので、職場ではミスやアクシデント、効率低下や生産性低下の大きな要因となり、さらに、さまざまな身体疾患や精神疾患に関連しています。

　「睡眠不足による作業効率低下」の日本経済に対する影響は、**全国で3兆円**、これに欠勤・遅刻・早退・交通事故による損失を加えると、**総計3兆5,000億円**に達するという研究結果もあります。

◀表7　睡眠障害の種類と概要▶

不眠症	・以下のような障害が週3回以上程度、1か月以上に渡って継続し、本人が苦痛を感じる、もしくは社会活動に支障を来たしている状態。自己診断は禁物で、そのような状態であれば医師に相談することが必要となる	
	入眠障害	眠ろうとするのに、寝付くのに30分～1時間かかる
	中途覚醒	いったん入眠しても、何度も目が覚めてしまう
	早朝覚醒	通常の起床時刻の2時間以上前に覚醒してしまい、その後は入眠できない
	熟眠障害	深く眠った感じが得られない
	・アトピー性皮膚炎やステロイド製剤などの薬やカフェインやアルコールなどの嗜好品の副作用で不眠になる場合もある	
過眠症	・日中の耐え難い眠気発作、居眠り（夜間の睡眠不足が原因ではない） ・危険作業中や面談中など、通常では眠ることなど考えられない状況下で発作的に眠ってしまう ・代表的な疾患は、**ナルコレプシー**	

◀ 表7　睡眠障害の種類と概要（続き）▶

概日リズム睡眠障害	・本人の睡眠覚醒リズムと、社会生活の時間帯との間の大きなズレにより生じる ・時差ボケや交替制勤務にともなう睡眠障害など ・不規則で浅い睡眠、疲労感、ぼんやり、眠気、めまいや立ちくらみなどの自律神経症状
睡眠相後退症候群	・10〜20代の若年単身者で、たびたび欠勤する職員の中には、**極端な遅寝遅起き**が固定してしまい、体調や社会生活に支障をきたしているケースがある
睡眠関連呼吸障害	・睡眠中の呼吸障害により生じる睡眠障害 ・代表的な疾患は、**睡眠時無呼吸症候群**で、睡眠中に10秒以上連続して無呼吸になる状態や、10秒以上換気量が50%以上低下する状態（**低呼吸**）が反復して認められる

閉塞性タイプ	喉の構造異常や肥満による気道が狭くなっていることが起きる
中枢性タイプ	呼吸運動機能自体の異常で起きる

・睡眠の分断、日中の強い眠気、集中力低下、大きく不規則なイビキ、全身倦怠感、朝の頭痛など
・酸素不足により、脳や心臓の障害を合併することが少なくない
・本人は疾患を自覚していないケースもあり、仮に運転職がこれに罹っていた場合、大事故にも繋がりかねないリスクがある

表の中の細かい記述はつい読み飛ばしてしまいがちですが、精神疾患の1つひとつの特徴は、しっかりと覚えましょう。細かい内容まで出題される傾向があり、次のようなひっかけ問題が考えられます。
【例】
①「近年のうつ病は、長期間の休養が必要（×）」
②「アルコール依存症は、飲酒量の抑制（節酒）（×）が治療法である」

7 発達障害　新項目

　医学的な意味での発達障害は、生まれながらの知的能力障害を中心として、身体機能障害も含めた幅広い概念ですが、近年、職場で注目されている発達障害とは、行政的な見地に基づくものです。2005年4月に施行された「発達障害者支援法」によると、発達障害は「自閉症、アスペルガー症候群その他広汎性発達障害、学習障害、注意欠陥多動性障害、その他これに類する脳機能の障害であって、その症状が通常低年齢において発現するもの」と定められています。

　職場で事例化しやすい発達障害としては、**注意欠如・多動症（ADHD）**や、

アスペルガー症候群（DSM-5 では、**自閉スペクトラム症：ASD** とされる）が挙げられます。

　職場で問題とされるのは、大半が、成人になって初めて発達障害が疑われた、もしくは診断された軽症のケースです。社会に出てみて初めて問題が指摘された、グレイゾーンのケースといえます。

　発達障害では複数の疾患同士の並存が多いことや、発達障害を有する結果、二次的に生じる精神疾患やパーソナリティ障害との鑑別が難しいため、その診断には高度な専門性が必要とされます。診断と処遇には慎重な姿勢が大切です。

　重要なのは、診断名よりも、その個人が所属する職場において、「何ができて、何ができないのか」「どのような種類の支援を必要とするのか」を具体的にアセ

◀ 表 8　発達障害の特徴 ▶

発達障害	特徴	不得意な仕事例
注意欠如・多動症（ADHD）	・忘れ物やケアレスミスが多い ・動きが多く、思考もせわしない ・思い立つとすぐやりたくなる ・部屋が片付けられない ・気が散りやすく、よそ事を考えてしまう ・プランニングがうまくできない ・スケジュール管理ができない ・段取りが悪い	・緻密なデータや細かいスケジュール管理 ・長期的な計画を立ててじっくり進める仕事 ・行動力より忍耐力が要請される仕事
		得意な仕事例
		・自主的に動き回る「営業職」 ・ひらめきや企画力、行動力が求められる「企画開発職」「デザイナー」「経営者」「アーティスト」など
自閉スペクトラム症（ASD）	・空気を読むことが苦手 ・比喩や言葉の裏の意味がわからない ・あいまいな指示だと、その意図がわからない ・人との距離感が独特（近過ぎたり、遠すぎたり） ・好きなテーマを話しだすと止まらない ・視覚、聴覚、触覚、味覚、嗅覚が過敏 ・強いこだわりがあり何か変化があると混乱しやすい ・視線を合わすことや表情の動きが少ない	**不得意な仕事例**
		・顧客の個別対応や計画変更が随時要請される仕事 ・対話が中心となる仕事 ・上司からの漠然としたあいまいな指示
		得意な仕事例
		・規則性、計画性、深い専門性が求められる「研究者」「設計士」 ・緻密で集中力を要する「SE」「プログラミング」 ・膨大なデータを扱う「財務」「経理」「法務」

スメントすることです。特性を活かせれば、高い能力を発揮することも多いのです。発達障害は個人の人間性の問題ではなく、生まれつきの神経系発達の偏りだという認識を持ち、本人が得意な分野で活躍してもらえばいいのです。ただ、ストレスが高まると、発達障害の心理行動特性が顕著に出やすいため、職場ではストレスをかけすぎない配慮が必要です。

　なお、**ADHD では薬物治療が有効な場合がある**ため、環境調整や自己理解と同時に、早期の適切な診断と薬物治療の可否の検討が有益です。

 ## 不調のサイン　　　　　　　　重要度 🐾

　ストレス関連疾患やメンタルヘルス不調のサインとしては、次のようなものが挙げられます。

◀**不調のサイン**▶

・仕事の能率が低下する
・仕事のミスが増える
・遅刻・早退・欠勤が多くなる
・挨拶や付き合いを避ける
・他人の言動が気になる
・態度が落ち着かず、ソワソワしたり、イライラする
・口数が少なくなる、または不自然に多くなる
・考え込むようになる
・ささいなことで怒りっぽくなる、反抗する

　これらの変化を自覚したら、勤務を含めたライフスタイルに無理がないかを見直して改善してみましょう。それでもよくならないときは、自ら上司や産業保健スタッフに相談することが大切です。職場の関係者に言いにくいときは、医療機関の医師に相談します。無理に頑張り続けると、不調が重篤化して回復にも時間がかかりますから、早期に対処することがとても重要なのです。

 ## メンタルヘルス不調者への認識　　重要度 🐾🐾

　正しい知識がないと、メンタルヘルス不調者に対して偏見を持ちやすくなります。正しい認識を持っていることが適切な対処につながります。

「よくある偏見」の記述は、不適切な記述の選択肢として出題されやすいですよね。

◀ 表8　メンタルヘルス不調者への認識 ▶

よくある偏見	正しい認識
・メンタルヘルス不調は、心の弱い人、気合が足りない人、心に甘えがある人が罹る特別な病気である ・自分だけは絶対に罹らない ・不調になるのは個人の責任	・メンタルヘルス不調は、誰しもが罹る可能性がある ・特にうつ病は、真面目で組織に適応しすぎる優秀な人が罹りやすい ・職場環境が悪ければ、誰にでも心身の不調を発生させるメカニズムが働くため、職場の問題と捉える ・メンタルヘルス不調は素因があれば、軽度のストレスでもなることがあり、素因が少なくても強いストレス環境下ではなることがある
・睡眠時間を削って残業を頑張るのは「美徳」である	・睡眠時間が足りないと、集中力・判断力が低下し、パフォーマンスが低下する ・4時間睡眠を1週間続けると、ホルモンや血糖値に異常が生じる ・4〜6時間睡眠を2週間続けると、記憶力・認知能力・問題処理能力などの高次精神機能は2日間眠っていない人と同レベルまで低下する ・個人差はあるが、一般的に、2日単位で考えて12〜16時間の睡眠が必要
・一度うつ病などに罹ると、もう完全には治らない ・休職をすると、復帰しても、100%の状態には戻らない	・うつ病は、早期に対応すればするほど、完治する可能性も高くなる ・統合失調症に関しても、WHOの健康報告2001において、「約1/3は医学的にも社会的にも完全に回復する。初発患者の場合、適切な薬物治療と心理ケアで、約半数は完全な回復が期待できる」という趣旨の記載がある
・メンタルヘルス不調者・精神疾患者・精神障害者は危険である	・一般刑法犯の全検挙者に対して精神障害者は1.3%に過ぎない
・精神疾患は遺伝性の疾患である ・いわゆる「生まれ」の問題である	・脆弱性ストレスモデル＝メンタルヘルス不調は、その人の病気へのなりやすさ（発症脆弱性）と、環境要因が複雑に絡み合って起こる ・発症脆弱性は遺伝的な気質だけでなく、生育過程での経験や学習、後天的なストレスへの対応力も深く関係する ・統合失調症、うつ病、パニック障害などの不安障害では、この「脆弱性ストレスモデル」による病態理解が主流となっている

脆弱性ストレスモデルは重要です！ どのような考え方かを理解しておきましょう。どんな疾患が脆弱性ストレスモデルで病態理解されているか、覚えましょう。

⑤ 精神障害者の就業機会　　　重要度 🐾🐾🐾

2013 年に成立した**障害者差別解消法**（正式名称：障害を理由とする差別の解消の推進に関する法律）と**改正障害者雇用促進法**（正式名称：障害者の雇用の促進等に関する法律）の影響により、今後は**精神障害者とともに働く機会が増えてくる**でしょう。

1 障害者の就労の際の差別禁止と配慮の提供

障害者差別解消法は、職場で就労するにあたって、**改正障害者雇用促進法**は、雇用関係において、障害者に対する**「不当な差別的取扱い」**を禁止し、また、「**合理的な配慮の提供」**を求めています。

ここでいう差別禁止、合理的配慮の対象となる精神障害は、統合失調症、気分障害（うつ病・躁うつ病など）、発達障害などさまざまな精神疾患によって、長期に渡り職業生活に相当な制限を受ける状態にあるものをいいます。比較的短期で治癒するものも含めた広義の「メンタルヘルス不調」とは必ずしも同一の対象者ではありません。

2 合理的な配慮

合理的な配慮とは、障害者の能力の有効な発揮が妨げられるような事情を改善する措置を講ずることをいいます。厚生労働省は、2015 年に**合理的配慮指針**を策定しています。

◀ 合理的な配慮の具体例 ▶

■ **精神障害の場合**
　・募集・採用時の面接時に、就労支援機関の職員の同席を認めること
　・採用後、業務指導や相談に関し、担当者を定めること
　・できるだけ静かな場所で休憩できるようにすること
■ **発達障害の場合**

・業務指示やスケジュールを明確にし、指示を 1 つずつ出す、作業手順をマニュアル化すること

・感覚過敏を緩和するため、サングラスの着用や耳栓の使用を認めること

❸ 雇用義務のある障害者の拡大など

2018 年 4 月以降は、企業などに雇用が義務づけられている障害者の範囲が拡大しました。これまで**身体障害者と知的障害者が対象**でしたが、これに**精神障害者（発達障害を含む、精神障害者保健福祉手帳の所持者）**が加わりました。また、**法定雇用算定率も引き上げられました**。

精神障害者が働きやすい職場づくりを行った事業主に対しては、**精神障害者雇用安定奨励金**という奨励金（かかった費用の半額・上限 100 万円）が支給されます。

◀精神障害者職場定着のための対策例▶

・カウンセリングを行う精神保健福祉士などを新たに雇用、または委嘱する

・社内の専門人材を育成するために、従業員に精神保健福祉士などの養成課程を履修させる

・社内で精神障害に関する講習を実施する、または外部講習を履修させる

・在職精神障害者を相談担当者として配置する

・新規雇用した精神障害者が体調不良などにより休職した場合に精神障害者の代替要員を確保する

過去問題・予想問題を解いてみよう!!

問題1　心の健康問題

心の健康問題に関する次の記述のうち、最も適切なものを1つだけ選べ。

① 2016年度に国家公務員がとった1か月以上の長期病欠の原因は、1位が悪性腫瘍、2位がうつ病などの精神疾患である。

② メンタルヘルス不調は、その人の病気へのなりやすさ（発症脆弱性）とストレスを引き起こす環境要件が複雑に絡み合って起こる。

③ メンタルヘルス不調は、糖尿病や高血圧症などの生活習慣病とは異なり、ライフスタイルの改善やストレスへの対処では防ぐことはできない。

④ メンタルヘルス不調は、素因にかかわらず軽度のストレスでは発症しない。

解説　① 1位が精神疾患で、2位が悪性腫瘍なので、記載が逆です。

③ メンタルヘルス不調も、ライフスタイルの改善で自律神経を整えたり、ストレス対処をすることで防ぐことができます。

④ ストレスに脆弱だという素因（発症脆弱性）があれば、**軽度のストレスでも発症する**リスクがあります。　　　　　　　　　　　　　　　　　　　　　【解答】②

問題2　メンタルヘルス不調・精神疾患

メンタルヘルス不調や精神疾患に関する次の記述のうち、最も適切なものを1つだけ選べ。

①「憂うつな気分」といった精神面の症状、「不眠」といった身体面の症状、その他「集中力や意欲の低下」といった症状が認められたときには、ただちにうつ病が疑われる。

② 適応障害はストレッサー発生から1〜3か月以内に発症し、症状の持続は通常6か月を超えて長期化することが多い。

③ 統合失調症は、どんな説得にも応じない訂正不能な妄想や、陰性症状といわれる自発性の低下がみられ、比較的長期の治療を必要とするが、経過が安定していれば就業しながらの治療も可能である。

④ パニック障害は、身体的・器質的に何らかの障害が発生していることから、動悸・めまい・息苦しさといった突然の不安発作に襲われるもので、「外出恐怖」など、家から出られなくなってしまうこともある。

解説　① 主要な症状が2週間程度継続し、日常生活が辛くなってきたときに、うつ病が疑われます。「ただちに」というのは不適切です。

② 適応障害では、症状の持続は**通常6か月を超えません**。

④ パニック障害は、**身体的・器質的にはどこにも明らかな異常所見が認められない疾患**です。　　　　　　　　　　　　　　　　　　　　　　　　【解答】③

問題3　うつ病　　24回第2問[7]

　うつ病に関する次の記述のうち、最も適切なものを1つだけ選べ。
① 人口の1～3%にみられる。
② 初期症状としては抑うつ気分が前面に出て、身体症状が自覚されることはない。
③ 仕事では、朝は通常どおり仕事ができるが、夕方に疲れがたまり抑うつ気分などの不調を生じる。
④ 治療としては、服薬により心理的疲労の回復を図ると同時に、健康な時と同様の活動を維持することが重要である。

解説　② 初期症状としては、むしろ、**身体症状が前面に出てくることが多い**です。
③ **朝が特に不調**で、夕方には少し持ち直すというのが典型例です。午前中の遅れを取り戻そうと、夕方以降に無理をしてしまうと、症状が悪化するという悪循環になってしまいます。
④ 治療中は、健康な時と同様の活動を無理して維持しようとせず、**休養をとることが大切**です。　　　　【解答】①

問題4　統合失調症　　25回第2問[8]

　統合失調症に関する記述として、最も適切なものを次の中から1つだけ選べ。
① 10代後半から30代前半に発症しやすい。
② 幻覚・妄想などの症状が落ち着けば後遺症障害は残らない。
③ 仕事に就きながら療養することが容易な疾患である。
④ 薬物療法を含めた治療法に進歩がなく、安定した経過は期待できない。

解説　② 幻覚・妄想などの陽性症状が落ち着いても、**陰性症状としての後遺障害が残る**ことがあります。
③ **仕事に就きながらの治療は難しく**、比較的長期の治療を要します。
④ 薬物療法を中心とした**治療法は進歩しており、安定した経過も期待できます**。【解答】①

問題5　その他のメンタルヘルス不調　　予想問題

　メンタルヘルス不調に関する次の記述のうち、最も**不適切**なものを1つだけ選べ。
① アルコール依存症を治療するには、完全断酒しか方法はない。
② パニック障害は、身体的な異常所見があることから、動悸、めまい、息苦しさなどの強烈な発作が繰り返される。
③ 適応障害は、ストレス要因と発症の間に明らかな因果関係が認められる。
④ 適応障害の症状の持続は、通常6か月を超えないとされている。

解説　② パニック障害は、**身体的な異常所見がない**にも関わらず、設問に記載のような不安発作が起きるのが特徴です。　　　　【解答】②

問題6 睡眠　　　　　　　　　　　　　　　　26回第2問[7]

　睡眠とメンタルヘルス不調に関する次の記述のうち、最も**不適切なもの**を1つ
だけ選べ。
① 睡眠を削って頑張り続けることで集中力・判断力は向上する。
② 睡眠は、2日単位で考えて12〜16時間が一般的には必要である。
③ 4時間睡眠を1週間続けると、ホルモン・血糖値に異常が生じる。
④ 4〜6時間睡眠を2週間継続すると、記憶力・問題処理能力などの高次精神機能
　　は2日間眠っていない人と同レベルにまで低下する。

解説 ① 睡眠を削って頑張り続けてしまうと、**集中力・判断力は低下します。**【解答】①

問題7 過眠症　　　　　　　　　　　　　　　30回第2問[6]

　過眠症に関する記述として、最も**不適切なもの**を次の中から1つだけ選べ。
① 昼間に発作的に眠くなる。
② 夜間の睡眠障害の結果として昼間眠いわけではない。
③ 代表的疾患にナルコレプシーがある。
④ 危険作業中など、緊張していると発作的に眠ってしまうことはない。

解説 ④ 緊張しているときにでも、**発作的に眠ってしまうことがあります。**　【解答】④

問題8 脆弱性ストレスモデル　　　　　　　　　予想問題

　メンタルヘルス不調の「脆弱性ストレスモデル」に関する次の説明のうち、最も
不適切なものを1つだけ選べ。
① メンタルヘルス不調の発症は、その人の遺伝的要素や素質、発症脆弱性（病気
　　へのなりやすさ）が関連する。
② メンタルヘルス不調の発症は、生まれてからの学習や経験などにより獲得され
　　たストレス対応力が関連する。
③ メンタルヘルス不調の発症は、外部の環境要因が関連する。
④ うつ病やパニック障害は職場のストレッサーといった環境要因が大きいことか
　　ら、このモデルで病態理解ができるが、統合失調症は遺伝的な要素が強いので、
　　このモデルでの病態理解は主流ではない。

解説 ④ 統合失調症もこの脆弱性ストレスモデルで病態理解されるのが主流です。
【解答】④

問題 9　障害者雇用　　　29回第2問[6]

　2013 年に成立した障害者差別解消法と改正障害者雇用促進法に関する次の記述のうち、最も適切なものを 1 つだけ選べ。

① 障害者差別解消法では、「不当な差別的取扱い」をしないことを努力義務としている。

② 改正障害者雇用促進法で 2018 年 4 月以降、企業に雇用が義務付けられている精神障害者の範囲は、発達障害を除く、精神障害者保健福祉手帳の所持者とされている。

③ 事業主には、職場において、障害者と障害者でない者との均等な機会や待遇を確保すること、障害者の能力発揮に支障となっている事情を改善するための措置を講ずること（合理的配慮の提供）が義務付けられている。

④「合理的配慮の提供」とは、公的機関や事業主が障害者から何らかのバリアを取り除くための対応が要望された場合、その全てに対応することである。

解説　①「不当な差別的取扱い」は禁止されています。努力義務ではありません。
② 発達障害を「含む」、精神障害者保健福祉手帳の所持者です。
④ 要望すべてに対応する必要はなく、厚生労働省が策定した指針に基づき配慮していきます。　　　【解答】③

問題 10　精神障害者と雇用　　　予想問題

　以下の法律に関する記述のうち、最も不適切なものを 1 つだけ選べ。

① 障害者雇用促進法では、雇用関係において、障害者に対する「不当な差別的取扱い」を禁止している。

② 障害者雇用促進法が改正され、障害者の能力の有効な発揮が妨げられるような事情を改善する措置を講ずることが求められ、具体的な措置内容も法律に規定されている。

③ 発達障害者への合理的な配慮の例としては、感覚過敏を緩和するための、サングラスや耳栓の使用の許可などが考えられる。

④ 精神障害者が働きやすい職場づくりを行った事業主に対しては、「精神障害者雇用安定奨励金」が支給される。

解説　② 合理的な配慮の具体例は、法律で定められているわけではなく、厚生労働省から「指針」として示されています。　　　【解答】②

感情を調整する～リズムを感じる～

　私たちが生きているこの世界について、1つのイメージを持ってみましょう。

　世界とは、大小さまざまな、無数の「リズム」で成り立っている、というイメージです。宇宙の調和と法則は最も大きな「リズム」であり、個々の命は最も小さな「リズム」です。雨が降り、山を潤し、川の流れとなって、また空へ帰る「リズム」、食物連鎖が永続的に繰り返される「リズム」…。私たちの身体においても、細胞が分裂し、心臓が鼓動し、血が巡り、呼吸する…生まれてからひと時も止まることのないこの一定の「リズム」が、私たちを生かし続けています。自分が生きて、元気に活動していることの不思議を、考えてみたことはないでしょうか。

　花が美しく咲くための体内プログラム、魚が水を泳ぐための体内プログラム、鳥が羽ばたき空を駆けるための体内プログラム、それら生命活動の完璧な調和とバランスは、人間の英知を結集させても到底創りえません。それなのに、私たちは当然のように、産み、育て、生きている。そのことに、感動や不思議を覚えたことはないでしょうか。

　ただ、都会に住み、日々仕事や生活に忙殺されている私たちには、この「リズム」を体感することが容易ではありません。感じられないばかりでなく、不規則な生活で自分の「リズム」を乱して病気になったり、マイナスの言葉や考えで世界の「リズム」に悪影響を及ぼしたりもしてしまいます。皆さんも、忙しすぎたり、周囲に振り回されて、何か大切なことが見えなくなっているなぁと感じたら、いったん立ち止まり、この「リズム」を聴こうとしてみてください。難しいことはしなくて大丈夫です。深呼吸するだけでもいいのです。できれば、1日だけでもお休みをとって、自分が好きな場所、落ち着ける場所、ボーッとできる場所まで足を運んでみましょう。

　鎮守の森に漂うひんやりした清浄さ、晴れた日の貫けるように青い空、雨上がりにかかる虹、夕暮れの風の暖かさ、遠くで聞こえる鳥や虫の声、山々に薄くかかる雲、雲の切れ間からさす日の光、草原に寝転んで受ける太陽、とうとうと続く川の流れ、澄んだ空にままたく無数の星、よせてはかえす海の波間、きらきらしながら湖に沈む夕陽、潤った土から顔を出す木の芽の健気さ、温泉につかりうんと手足を伸ばした瞬間の温かさ、雑踏からふと見上げる細い月……私たちがバタバタしていても、世界はとても美しく、その美しさそのものが、生命の「リズム」なのだと思います。

　自分は、世界にあまねく偏在する「リズム」を感じたい。それと同じものが、自分の中にも流れていることを感じたい。そしてそれは、あなたにも、まだ見ぬ誰かにも、同じように流れることを伝えたい。「リズム」はこう言っているはずです。「生きよう、生きよう、生きよう」と。

3章

セルフケアの重要性

全出題問題 50 問中、「3 章 セルフケアの重要性」からは、4 問出題されています。長時間労働や自己保健義務については、近年、社会問題として取り上げられることも多いため、重要な内容として、今後さらに出題されやすいことが予想できます。

出題傾向分析

重要度	重要な内容
🐾🐾🐾	• 長時間労働の背景 • 長時間労働による疾患の発症 • 労働安全衛生法と自己保健義務 • 事業場内での早期対応
🐾🐾	• メンタルヘルス指針とセルフケア • 自己保健義務とその対策
🐾	• 過労死と長時間労働 • 安全配慮義務

🐾🐾🐾：よく出題される　　🐾🐾：比較的よく出題される　　🐾：出題されることがある

3-1
長時間労働の防止

① 長時間労働の背景　重要度

　欧米では労働者の職務範囲が限定されていることが多いのに対し、日本では職務範囲がそれほど限定的でなく、仕事が増えれば誰かがそれを補うのが当然というような「空気」があり、職務が増えると残業が増えるという傾向があります。そのため、日本では、残業時間が長い人ほど会社への貢献度が高いと上司が評価しがちで、上司の残業時間も多く、労働者の労働時間も減りにくいという実態があります。

　雇用の増減で労働時間の調整を行うことも難しいため、限定された労働者数で業務量をまかなう必要があるのです。一方で、残業代を生活費としてあてにしている、いわゆる「生活残業」の実態もあり、長時間残業を生みやすい労働文化・労働慣行があるといえます。

　そういった事態を改善することを目的に、働き方改革関連法が2019年4月より施行され、労働基準法が改正されました。時間外労働について、36協定で定める時間外労働の限度時間を**月45時間・年360時間を原則**とするなどの「**上限規制**」がなされ、労働時間管理が強化されました。

　「精神障害の労災認定の基準に関する専門検討会」は、長時間労働とメンタルヘルス不調との因果関係を認めています。

　極度の長時間労働が労災認定基準において「特別な出来事」に指定されているように、長時間労働は**「うつ病」などのメンタルヘルス不調と強い関連性**があります。また、**「脳・心臓疾患」の発症と関連が強い**という医学的知見もあります。
　月の時間外労働が「45時間」を超えて長くなればなるほど、発症リスクは高まるとされています。

② 長時間労働による疾患の発症　重要度

　定期健康診断における有所見率は毎年上昇しており、2019年度の厚生労働省の発表では、**56.6%**となっています。なかでも、有所見率の高い項目は**血清脂質（血中脂質）の上昇**です。脂質異常症は、高血圧症・糖尿病とともに動脈硬化を促進する危険因子です。長時間労働がどのように労働者の健康を害するのか、

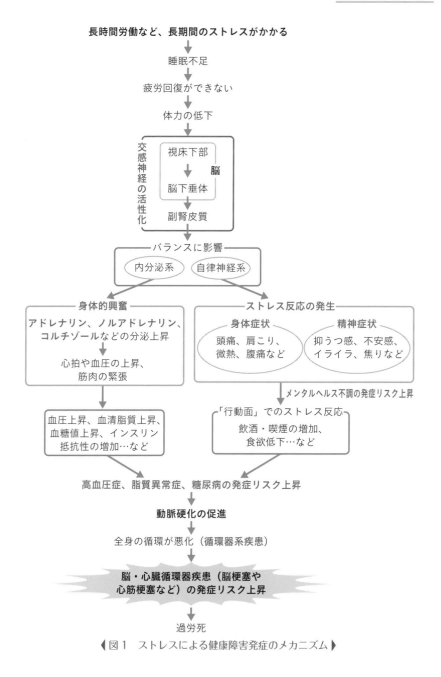

長時間労働など、長期間のストレスがかかる

睡眠不足

疲労回復ができない

体力の低下

交感神経の活性化

脳
視床下部
脳下垂体
副腎皮質

バランスに影響
内分泌系　自律神経系

身体的興奮
アドレナリン、ノルアドレナリン、コルチゾールなどの分泌上昇

心拍や血圧の上昇、
筋肉の緊張

ストレス反応の発生
身体症状
頭痛、肩こり、
微熱、腹痛など
精神症状
抑うつ感、不安感、
イライラ、焦りなど

メンタルヘルス不調の発症リスク上昇

血圧上昇、血清脂質上昇、
血糖値上昇、インスリン
抵抗性の増加…など

「行動面」でのストレス反応
飲酒・喫煙の増加、
食欲低下…など

高血圧症、脂質異常症、糖尿病の発症リスク上昇

動脈硬化の促進

全身の循環が悪化（循環器系疾患）

**脳・心臓循環器疾患（脳梗塞や
心筋梗塞など）の発症リスク上昇**

過労死

◀図 1　ストレスによる健康障害発症のメカニズム▶

すべてのステップで科学的に証明されているわけではありませんが、図1で、その基本的なメカニズムを見てみましょう。

この流れは、字面で覚えるというよりも、実際に自分の体に起きているイメージでとらえると、間違った選択肢には違和感を覚えると思います。
【例】残業が多くなるとなんとなく体が強張ってきて、家に帰ってもリラックスできず頭が変に冴えてしまう……など

③ 過労死と長時間労働　重要度 🐾🐾

厚生労働省によれば、**過労死**とは、「過度な労働負担が誘因となって、高血圧や動脈硬化などの**基礎疾患が悪化**し、**脳血管疾患**や**虚血性心疾患**、**急性心不全**などを発症し、**永久的労働不能または死に至った状態**」をいいます。過労死を防ぐためにも、健康障害が発症する流れのなるべく「上流」において、対策をうつことが重要です。その1つが、過重労働対策なのです。

2014年11月には、**過労死等防止対策推進法**が施行されました。この法律では、**過労死等**は、次のように定義されています。

> ◀「過労死等」の定義（過労死等防止対策推進法）▶
> **業務における過重な負荷による脳血管疾患**もしくは**心臓疾患を原因とする死亡**もしくは**業務における強い心理的負荷による精神障害を原因とする自殺による死亡**またはこれらの**脳血管疾患**もしくは**心臓疾患**もしくは**精神障害**

この法律は、過労死等に関する調査研究を行うことにより実態を明らかにし、その成果を過労死等の効果的な防止のための取組みに生かすとともに、私たち国民にも自覚を促し、関心と理解を深めることを求めています。

国、地方公共団体、事業主は相互の密接な連携のもと、次のような取組みを推進することとされています。

> ◀国、地方公共団体、事業主の推進すべき取組み▶
> ・過労死等防止啓発月間（11月）を規定
> ・政府による年次報告書の提出
> ・政府による「大綱」策定

ただし、同法において、労働時間の具体的な制約が規制されているわけではあ

りません。

　また、近年、多くの臨床事例や疫学調査から、**長時間労働それ自体が、精神障害発症の誘因になりえる**との見解が認められています。労災認定基準に関する専門検討会も「極度の長時間労働、例えば数週間にわたる生理的に必要な最小限度の睡眠時間を確保できないほどの長時間労働は、心身の極度の疲弊、消耗をきたし、**うつ病などの原因となると考える**」としています。

 過去問題・予想問題を解いてみよう!!

問題1　過重労働　　　　　　　　　　　　　　　　　**24回第3問[3]**

　過重労働の健康影響メカニズムに関する次の記述のうち、**最も不適切なものを1つだけ選べ。**

① 「精神障害の労災認定の基準に関する専門検討会」（厚生労働省、2011年）は、長時間労働とメンタルヘルス不調との因果関係を認めている。

② 過重労働やストレスがあると、生体内では交感神経系が反応し、同時に内分泌系のアドレナリンやノルアドレナリンの分泌が亢進する。

③ ストレスが高じるとイライラがたまり、喫煙の増加、飲酒の増加、食べ過ぎ傾向、運動不足などの不健康な生活スタイルになり、高血圧症、脂質異常症、糖尿病を悪化させる。

④ 2014年11月に施行された「過労死等防止対策推進法」は、悪質な長時間労働など、労働基準関係法令に違反、又は違反する疑いがある大規模事案や困難事案に対応することを目的としている。

解説　④「過労死等防止対策推進法」は、過労死等への社会的認知を高め、調査研究を行いながら、国内の過労死防止対策を推し進めることを目的としています。　　**【解答】**④

問題 2 **過重労働**　　　　　　　　　　　　　　　　　24回第3問[4]

　過重労働の背景と労働者の健康状態に関する次の記述のうち、最も適切なものを1つだけ選べ。

① 日本では、職務が職務記述書として明示され範囲も限定されているので、個人の仕事が増えても誰かがそれを補うことができず、仕事が増えて残業も増えるという結果となる。

② 残業時間の設定については、労働基準法第36条に基づいて事業者と労働基準監督署との協定によって決定されている。

③ 日本の雇用慣行は、残業時間が多いことで評価されるという面があり、上司の残業時間は少ないが労働者たちの残業は減りにくいという傾向がある。

④ 定期健康診断結果における有所見の比率は毎年上昇しており、なかでも有所見率の高い項目は血中脂質である。

解説　① 日本では、**職務の範囲がそれほど限定されていない**ことが多いです。**仕事が増えると、誰かがそれを補わなければならず、残業が増えてしまいます。**

② 36協定は、**事業者と労働組合等、労働者代表との協定**です。

③ 上司もまた、その労働慣行のなかにいますので、**上司の残業時間も多くなりがちです。**

【解答】④

問題 3 **過重労働・長時間労働**　　　　　　　　　　　予想問題

　過重労働と健康障害に関する次の記述のうち、最も適切なものを1つだけ選べ。

① 長時間労働は生体にとって健康安定の危機を感じさせるものであり、それに対抗するため、交感神経系が活性化し、血圧の上昇や血清脂質の上昇、血糖値の上昇、インスリン抵抗性の増加を引き起こす。

② 一般的に、不景気になると、企業の経営は苦しくなり過重労働が増える。

③ 長時間労働により生活習慣が変化（飲酒の増加・運動量の低下など）し、循環器疾患の発症率を高めてしまうことになる。循環器疾患の発症率を高めるような健康診断の有所見項目としては体重・血糖・血清脂質の3つだけである。

④ 定期健康診断における有所見率は毎年上昇しており、厚生労働省が発表している平成28年度の結果によると、6割を超えている。

解説　② 一般的に**不景気になると**、モノの需要が低調となるので、生産活動が鈍化し、**過重労働は増えない**といわれています。

③ 体重・血糖・血清脂質以外に**血圧、心電図、喫煙習慣**なども挙げられています。

④ 2019年度の定期健康診断有所見率は、**56.6%**です。

【解答】①

自己保健義務

　企業が円滑に事業を遂行するためには、事業者側は労働者の健康を守り、労働者側は十分なパフォーマンスを事業者に提供する必要があります。

① 安全配慮義務　　　　　　　　　　　　　重要度 🐾

　事業者（会社）には、労働者の心身の健康を守る義務があります。これを**安全配慮義務**といいます。

　安全配慮義務は、2008 年 3 月に施行された労働契約法 5 条で明文化されています。

> **◀労働者の安全への配慮（労働契約法 5 条）▶**
> 使用者は、労働契約に伴い、労働者がその生命、
> 身体等の安全を確保しつつ労働することができる
> よう、必要な配慮をするものとする。

　この条文を、健康管理の側面から解釈すると、「業務の遂行に伴う疲労や心理的負荷等が過度に蓄積して**労働者の心身の健康を損なうことがないよう配慮する義務**」ということになります。

② 労働安全衛生法と自己保健義務　　　　重要度 🐾🐾🐾🐾

　一方、労働者側も、期待されている労働力を提供するために、自分の健康は自分で守るという意識を持たなければなりません。**労働安全衛生法**には、次のような条文が定められています。

> ◀労働安全衛生法▶
>
> ■ 労働災害防止義務（安衛法 4 条）
>
> 　労働者は、労働災害を防止するために必要な事項を守るほか、事業者その他の関係者が実施する労働災害の防止に関する措置に協力するように努めなければならない。
>
> ■ 健康診断受診義務（安衛法 66 条 5 項）
>
> 　労働者は、事業者が行う健康診断を受けなければならない。ただし、（中略）他の医師または歯科医師の行うこれらの規定による健康診断に相当する健康診断を受け、その結果を証明する書面を事業者に提出したときは、この限りでない。
>
> ■ 保健指導等（安衛法 66 条の 7 第 2 項）
>
> 　労働者は、健康診断の結果および保健指導を利用して、その健康の保持に努めるものとする。
>
> ■ 健康教育等（安衛法 69 条 2 項）
>
> 　労働者は、事業者が講ずる措置を利用して、その健康の保持増進に努めるものとする。

　これらの規定が労働安全衛生法に定められていることから、**労働者には自己保健義務がある**と考えられているのです。

❸ 自己保健義務とその対策　　　重要度 🐾🐾🐾

　自己保健義務を達成するには、身体面からのアプローチとメンタル面からのアプローチの両方が必要です。

1 身体面の自己保健義務

　定期健康診断で指摘された異常値に対して二次検診を受診する、事業者が提供する保健指導の機会を積極的に利用する、医師の指示にしたがって生活習慣を見直したり、服薬するなど、主体的な体調管理を行う必要があります。

② メンタル面の自己保健義務

　メンタルヘルス不調は、本人の内部に起きる心理的な反応から始まるため、発症の段階が第三者からはわかりにくいものです。自ら「いつもと違う心の変化」に気づき、早めに対処をすることが重要です。

とはいえ、本人の判断能力が低下している場合も多いため、**第三者から指摘されて気づくことも実際には多いです**。

　また、ストレス反応の現れ方は人それぞれで、微熱や食欲不振など身体面に強く現れる人もいます。心理面・身体面のストレス反応に気づいた場合は、その原因や対処を自分なりに考えてみることも大切ですが、独力だけで解決しようとせず、友人、家族、上司、産業保健スタッフなど相談の種類に応じて相談相手を選び、サポートを求めましょう。真面目な人ほど「こんなことで相談していいものか」と遠慮しがちですが、**早め早めにサポートを求めることで問題が先送りにならず、メンタルヘルス不調の重篤化を防ぐことができます**。

　また、労働安全衛生法の改正により 2015 年 12 月から制度化された、**ストレスチェックを活用するのも良い**でしょう。ストレスチェックを受検するかどうかは労働者の任意ですが、**積極的に受検してセルフケアのきっかけにすることも自己保健義務を果たす行動**といえます。

　また、**高ストレス者**と判定されて医師面接指導の案内が来たときには、事業者に申し出れば、医師による面接指導を受けることができます。

過去問題・予想問題を解いてみよう!!

問題1 自己保健義務　　　　　　　　　　　　　　　30回第3問[4]

　事業者の安全配慮義務と労働者の自己保健義務に関する次の記述のうち、最も不適切なものを1つだけ選べ。

① 健康診断は、労働者の健康状態を評価して、就業内容を調整するという事業者による適正管理を目的とするものであるが、労働者にも健康診断を受診する義務がある。

② 労働者が受診する健康診断は、必ずしも事業者の指定する医師または歯科医師が行うものでなくても良い。

③ 事業者は、健康診断の結果、特に健康の保持に努める必要があると認められた労働者に対しては、保健指導として必ず医師面談を受けさせなければならない。

④ 職場には、一般の市民生活には存在しない健康を害する危険因子や有害要因があるため、事業者は当該因子の排除に努め、これらの因子から労働者の健康を守る必要がある。

解説 ③健診事後の医師による**保健指導**は、**努力義務**となっており、「必ず」ではありません。 【解答】③

問題2 自己保健義務　　　　　　　　　　　　　　　　予想問題

　自己保健義務に関する次の記述のうち、最も不適切なものを1つだけ選べ。

① 事業者には労働者の安全と健康を守る「安全配慮義務」が労働契約法で決められていることと合わせて、労働者の側も、自分自身の健康を守る「自己保健義務」が同法に定められている。

② 安全配慮義務や自己保健義務のおよぶ範囲は近年拡大されており、身体面の健康だけでなく、メンタルヘルス不調に関する問題もその範囲であると解釈されている。

③ 自己保健義務を遂行するためには、定期健康診断やその後の保健指導を積極的に受けることが有効である。

④ 事業者は、健康教育・研修など労働者の健康の保持増進を図るために必要な措置を継続的かつ計画的に講ずるよう努める義務があり、併せて、労働者はこれらを利用して、自分自身の健康の保持増進に努めるよう、労働安全衛生法に定められている。

解説 ① 安全配慮義務は労働契約法に定められていますが、**自己保健義務について定めているのは労働安全衛生法です。** 【解答】①

3-3 メンタルヘルス指針と早期対応

① メンタルヘルス指針とセルフケア　重要度 🐾🐾🐾

2006年に厚生労働省より発表された「労働者の心の健康の保持増進のための指針」は略して、**メンタルヘルス指針**と呼ばれています。

本指針は、労働安全衛生法70条の2第1項の規定に基づき、同法69条1項の措置の適切かつ有効な実施を図るための指針として、厚生労働省が定めたものです。

本指針の趣旨は、事業場において事業者が講ずるように努めるべき「労働者の心の健康の保持増進のための措置（メンタルヘルスケア）」が適切かつ有効に実施されることです。また、本指針によると、心の健康づくりの実施に当たっては、次の**「4つのケア」**を継続的かつ計画的に行うこととされてます。

> **◀4つのケア▶**
> ① セルフケア
> ② ライン（管理監督者）によるケア
> ③ 事業場内産業保健スタッフ等によるケア
> ④ 事業場外資源によるケア

このように、心の健康の保持増進には、セルフケアの取組みが不可欠です。同じような仕事のストレス要因があっても、誰もが同じように健康障害をきたすわけではありません。一人ひとりが自分にあったセルフケアを実践していく必要があります。

② 事業場内での早期対応　重要度 🐾🐾🐾🐾

労働者本人は、普段から上司や同僚などと積極的にコミュニケーションをとり、何か問題が起きたり、不調を感じたら、**早い段階で自ら相談行動を起こすことが大切**です。

一方、事業場側も、早期発見・早期対応の仕組み・システムを整えておく必要があります。具体的には次のようなものがあります。

◀事業場内システムの例▶

・産業保健スタッフ（産業医、保健師等）の選任
・定期健康診断、保健指導の実施
・深夜業など特定業務従事者は 6 か月に 1 回の健康診断
・長時間労働者に対する医師面談
・**ストレスチェックの高ストレス者**に対する医師面談
・カウンセラーや看護職による相談窓口の設置　　　など

　さらに、職場の管理監督者には、日常業務を通じて、労働者の体調面に異変があれば、それに気づくことが求められます。職場の人間関係を通じて、労働者の不調が早期に発見されることが、上記のシステムを効果的に補完することになります。

　また、2019 年 4 月に労働安全衛生法が改正され、「事業者は、産業医等による労働者の健康管理等の適切な実施を図るため、**産業医等が労働者からの健康相談に応じ、適切に対応する**ために必要な体制の整備、その他必要な措置を講ずるように努めなければならない」とされ、「産業医の対する健康相談の申出の方法」とともに周知徹底することが義務化されています。セルフケアとしては、産業医の健康相談を積極的に利用するようにしましょう。

過去問題・予想問題を解いてみよう!!

問題 1 **メンタルヘルス指針** 25回第1問[5]

「労働者の心の健康の保持増進のための指針」(厚生労働省、2006 年、2015 年改正)、(以下、メンタルヘルス指針という)などに関する次の記述のうち、最も不適切なものを 1 つだけ選べ。

① 厚生労働省から発表されたメンタルヘルス指針では、心の健康づくりの取組について触れている。

② メンタルヘルス指針では、具体的な取組を 4 つに分類し、その 1 つとして、経営者自身のラインケアを掲げている。

③ 職場において、労働者一人ひとりがストレスから身を守るために実践できることも多い。

④ セルフケアには、労働者のみならず管理監督者も含まれている。

解説 ② ラインケアは「管理監督者」によるケアとして掲げられています。　【解答】②

感情を調整する〜自分を信じる〜

「自信を持って！」とは、よく聞く言葉ではあるものの、なかなか難しいですよね。自信について考えるとき、思い出す映画があります。「地球交響曲（ガイアシンフォニー）」という、インタビューによって成り立っているノンフィクション映画です。野澤重雄さんという植物学者がその中で紹介されています。たった一粒のごく普通のトマトの種から、ハイポニカ（水耕栽培法）によって、バイオテクノロジーも特殊肥料も一切使わず、1万数千個も実のなるトマトの巨木を作った方です。このことが、どんなに凄いことか、想像がつくでしょうか。普通に育てた場合、一粒の種からできるトマトは、せいぜい60個程度だといいます。1万数千個という数字の非常識さがうかがえるでしょう。

野澤さんは言います。一番大事なのは、まだ小さい苗のとき、物心もないようなときに、「どんどん成長しても必要なものは充分入ってくるよ、どんどん成長しても大丈夫だよ」という絶対的な「安心感」を与えてやることだと。そして、母親の立場、与える側の立場として大事なのは「疑わないこと」。植物の種は、生きるためのすべての要素はすでに持っているはずで、そこに不備なものは絶対にない、生きるための完璧な機能を、種自身の中にすでに持っている、それを引き出してやるという立場で、種にとって良い状態を与えるのです。「この程度まで育つだろう」「このくらいの樹になるだろう」という無意識の制限を心に持たない。生態自身の選択に任せ、ただただ無心に良い状態だけを与えてやる。するとトマトは、私たちの想像を遥かに超える成長を見せるのです。

特に私の印象に残っているのは、野澤さんの語り口の穏やかさ、素朴さ、たたずまいのさりげなさ、トマトを見る目の温かさ、トマトに触れる手の優しさ、一片の気負いもなく、ただ心から生命の力を信じているその人格の深さでした。「どんどん成長しても大丈夫だよ」野澤さんがトマトにかけるその言葉を、世界中の子どもたちに言ってあげられたら…そう思ったら、涙が出そうになりました。会社においても、部下や新入社員に対してそのように姿勢で接することができたら、彼らはどんなに成長することでしょう。

植物が生きていくうえで一番基本の機能は、自然の環境を明確にキャッチし、それに適応することで、そのための非常に高度な感応器官を持っています。それは、人間でいう「心」なのではないかと、野澤さんは語っていました。

「自分はこの程度の人間だろう」「自分にできるのはこの程度だろう」と、私たちは、無意識に自分に限界を設定しているような気がします。もし、その制限をはずし、「心」が感じる方向へがむしゃらに進むことができたら、私たちはとんでもない力を発揮できるのかもしれません。行き詰ったとき、もうダメだと思ったとき、「心」が指し示す方向はどちらなのか、感じようとしてみてください。自分の「心」を、もう一度信じてみてください。

4章

······

ストレスの早期発見

全出題問題 50 問中、「4 章 ストレスの早期発見」からは、5 問出題されています。特に、**ストレスチェック制度**が始まったことで、**職業性ストレス簡易調査票**に関する設問が多く出題されるため、留意しておきましょう。

出題傾向分析

重要度	重要な内容
🐾🐾🐾	• 心理的負荷となる出来事の例
	• 社会的再適応評価尺度
	• ストレス反応（身体面・心理面・行動面）の具体例
	• ストレス要因の評価方法
🐾🐾	• ストレスモデル
🐾	• 近年のストレス要因
	• 新職業性ストレス簡易調査票

🐾🐾🐾：よく出題される　　🐾🐾：比較的よく出題される　　🐾：出題されることがある

職場のストレス要因

　メンタルヘルス不調にならないためには、自分が感じているストレスに早めに気づき、早めに対処することがとても重要です。

1 ストレスモデル　　重要度 🐾🐾🐾

　カラセクが提唱した**デマンド-コントロール-サポート（DCS）モデル**によると、「**仕事で要求される度合いが大きく（デマンド大）**」、「**自由裁量の度合いが小さく（コントロール低）**」、「**社会的支援が得られない（ソーシャルサポート低）**」の場合に、疾患発症のリスクが高くなるとしています。

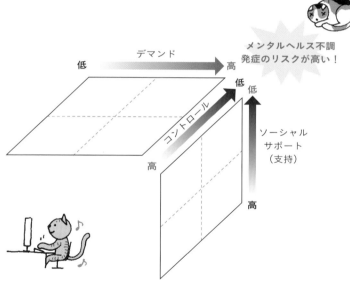

◀ 図1　デマンド-コントロール-サポート（DCS）モデル ▶
（参考：Karasek. R. & Theorell, T. Healthy Work, 1990, p.70.）

　また、ストレスの感じ方には個人差があります。業種、職種、職位、職場環境によって感じ方が違うのはもちろんのこと、その状況を本人が「どう認知するのか」という、「ものの受け止め方」によってストレスへの反応が変わってくるのです。

　例えば、何か困難なことが仕事上で発生した際「こんなことになって最悪だ」「いつも自分にばかり悪いことが起きる」などと否定的な受け止め方をする人と、「これは成長するチャンスだ」「これを乗り越えればもっと良くなる」と肯定的な受け止め方をする人とでは、前者のほうが、うつ尺度の点数が高くなる傾向が指摘されています。さらに、困難な出来事へ対する対処能力、対人関係スキルの差によってもストレスへの反応は変わります。

② 心理的負荷となる出来事の例　　重要度 🐾🐾🐾

　注意すべき職場のストレス要因に気づくには、**労災認定基準**も参考になります。2011 年に「心理的負荷による精神障害の認定基準」が策定されました。職場において心理的負荷を得る出来事が**7 つの類型**に分けられています。この認定基準を参考にして、自分に当てはまっているものがないかチェックするといいでしょう。

◀表 1　業務による心理的負荷評価表における特別な出来事の分類▶

特別な出来事	心理的負荷の総合評価を「強」とするもの
心理的負荷が極度のもの	・生死にかかわる、極度の苦痛を伴う、または永久労働不能となる後遺障害を残す業務上の病気やケガをした（業務上の傷病により 6 か月を超えて療養中に症状が急変し極度の苦痛を伴った場合を含む） ・業務に関連し、他人を死亡させ、または生死にかかわる重大なケガを負わせた（故意によるものを除く） ・強姦や、本人の意思を抑圧して行われたわいせつ行為等のセクシュアルハラスメントを受けた ・その他、上記に準ずる程度の心理的負荷が極度と認められるもの
極度の長時間労働	・発病直前の 1 か月におおむね 160 時間を超えるような、または、これに満たない期間にこれと同程度の時間外労働を行った[*]

＊「これに満たない期間にこれと同程度の時間外労働」とは、例えば「3 週間におおむね 120 時間以上の労働」。ただし、休憩時間は少ないが手待時間が多い場合等、労働密度が特に低い場合を除く。

　なお、具体的な出来事に対する「心理的負荷」の強度は、表 2 を確認してください。Ⅰ→Ⅱ→Ⅲの順番で、**強くなっていきます**。

◀表2　ストレスに関連するリスク（業務による心理的負荷評価表）▶

出来事の種類	平均的な心理的負荷の強度			
	具体的出来事	心理的負荷の強度		
		I	II	III
① 事故や災害の体験	（重度の）病気やケガをした			★
	悲惨な事故や災害の体験、目撃をした		★	
② 仕事の失敗、過重な責任の発生等	業務に関連し、重大な人身事故、重大事故を起こした			★
	会社の経営に影響するなどの重大な仕事上のミスをした			★
	会社で起きた事故、事件について、責任を問われた		★	
	自分の関係する仕事で多額の損失等が生じた		★	
	業務に関連し、違法行為を強要された		★	
	達成困難なノルマが課された		★	
	ノルマが達成できなかった		★	
	新規事業の担当になった、会社の立て直しの担当になった		★	
	顧客や取引先から無理な注文を受けた		★	
	顧客や取引先からクレームを受けた		★	
	大きな説明会や公式の場での発表を強いられた	★		
	上司が不在になることにより、その代行を任された	★		
③ 仕事の量・質	仕事内容・仕事量の（大きな）変化を生じさせる出来事があった		★	
	1か月に80時間以上の時間外労働を行った		★	
	2週間以上にわたって連続勤務を行った		★	
	勤務形態に変化があった	★		
	仕事のペース、活動の変化があった	★		
④ 役割・地位の変化等	退職を強要された			★
	配置転換があった		★	
	転勤をした		★	
	複数名で担当していた業務を1人で担当するようになった		★	
	非正規社員であるとの理由等により、仕事上の差別、不利益取扱いを受けた		★	
	自分の昇格・昇進があった	★		
	部下が減った	★		
	早期退職制度の対象となった	★		
	非正規社員である自分の契約満了が迫った	★		
⑤ パワーハラスメント	上司等から、身体的攻撃、精神的攻撃などのパワーハラスメントを受けた			★
⑥ 対人関係	（ひどい）嫌がらせ、いじめ、または暴行を受けた			★
	上司とのトラブルがあった		★	
	同僚とのトラブルがあった		★	
	部下とのトラブルがあった		★	
	理解してくれていた人の異動があった	★		
	上司が替わった	★		
	同僚等の昇進・昇格があり、昇進で先を越された	★		
⑦ セクシュアルハラスメント	セクシュアルハラスメント（セクハラ）を受けた		★	

出典：厚生労働省「心理的負荷による精神障害の認定基準」を一部改変

過去問題・予想問題を解いてみよう!!

問題 1 労災認定基準　　　　　　　　　　　　　　25回第4問[3]

「心理的負荷による精神障害の認定基準」（厚生労働省、2011 年）、（以下、「認定基準」という）に関する次の記述のうち、最も適切なものを 1 つだけ選べ。

①「認定基準」では、「1 か月に 80 時間以上の時間外労働を行った」ことは、心理的負荷の強度Ⅱとなっている。

②「認定基準」では、「（ひどい）嫌がらせ、いじめ、又は暴行を受けた」という出来事は、心理的負荷の強度Ⅱとなっている。

③「認定基準」では、「セクシュアルハラスメント」は出来事の種類として「対人関係」に含まれている。

④「認定基準」では、「自分の昇格・昇進があった」ことは喜ばしいことなので、心理的負荷には含まれていない。

解説 ②記載の内容は強度「Ⅲ」とされています。
③「セクシュアルハラスメント」は独立した項目として掲載されています。
④記載の内容は、「役割・地位の変化等」に含まれ、強度「Ⅰ」とされています。

【解答】①

4-2
職場以外のストレス要因

　労働者には、仕事のストレス以外にも、家庭やプライベートのストレスがあります。

 社会的再適応評価尺度　　　　重要度 🐾🐾🐾

　ホームズ＆レイ（Holmes & Rahe）の**社会的再適応評価尺度**によると、**過去1年間に経験した生活上の出来事の回数**と、表1の**ストレス値**を掛け合わせた合計点数と、**疾患発症率に相関**があるとしています。

◀ 表1　社会的再適応評価尺度 ▶

順位	出来事	ストレス値	順位	出来事	ストレス値
1	**配偶者の死**	100	22	職場での責任の変化	
2	離婚	73	23	子どもの独立	29
3	夫婦の別居	65	24	親戚とのトラブル	
4	留置所などへの拘留	63	25	自分の輝かしい成功	28
5	家族の死		26	妻の転職や離職	26
6	ケガや病気	53	27	入学・卒業・退学	
7	**結婚**	50	28	生活の変化	25
8	失業	47	29	習慣の変化	24
9	夫婦の和解	45	30	上司とのトラブル	23
10	退職		31	労働時間や労働条件の変化	20
11	家族の病気	44	32	転居	
12	妊娠	40	33	転校	
13	性の悩み	39	34	趣味やレジャーの変化	19
14	新しい家族が増える		35	宗教活動の変化	
15	転職		36	社会活動の変化	18
16	経済状態の変化	38	37	1万ドル以下の借金	17
17	親友の死	37	38	睡眠習慣の変化	16
18	職場の配置転換	36	39	家族だんらんの変化	15
19	夫婦ゲンカ	35	40	食習慣の変化	
20	1万ドル以上の借金	31	41	長期休暇	13
21	担保・貸付金の損失	30	42	クリスマス	12
			43	軽度な法律違反	11

出典：Holmes T.H., Rahe T.H. The Social Readjustment Rating Scale, Journal of Psychosomatic Research. 1967; 11: p.213-218.

◀ メンタルヘルス不調のサイン ▶

合計点数	疾患発症率
・年間 150〜199 点：	37%
・年間 200〜299 点：	51%
・年間 300 点以上：	79%

結婚などいわゆるおめでたい出来事も高いストレス値になっていることに留意してください。また、日本の追研究では、『家族との離別』が**ストレス値の上位に挙がっています**。

2　近年のストレス要因　　　　重要度 🐾

　さらに、社会構造の変化によって、生活の中で直面するストレスも多岐に渡っています。次のようなトラブルに出会ってしまうと大きなストレスになりますので、注意が必要です。

◀ さまざまなトラブル ▶

- ・キャッチセールス
- ・迷惑メール
- ・借金問題
- ・マルチ商法
- ・ワンクリック詐欺
- ・ストーカー
- ・SNS いじめ
- ・頻繁な電話セールス
- ・個人情報流出
- ・頻繁な宗教などの勧誘
- ・架空請求（振り込め詐欺）
- ・不倫問題
- ・近隣トラブル
- ・在宅勤務拡大によるコミュニケーション困難

など

過去問題・予想問題を解いてみよう！！

問題1 ストレス

29回第4問[2]

ストレスに関する次の記述の [　　　] にあてはまる語句の組合せとして、最も適切なものを1つだけ選べ。

ワシントン大学精神科Holmesらは、「出来事によって変化した生活環境にうまく適応できないほど [　ア　] の危険が高まる」と考え、[　イ　] 評価尺度と呼ばれるチェックリストを作成した。ストレス値の順位1位の出来事は [　ウ　] になっており、日本での追研究では [　エ　] のストレス値が上位に挙がっている。

① （ア）精神疾患の発症　　　（イ）生活再適応
　（ウ）ケガや病気　　　　　（エ）悪性新生物
② （ア）孤立　　　　　　　　（イ）社会的再適応
　（ウ）離婚　　　　　　　　（エ）配偶者の死
③ （ア）生活困窮　　　　　　（イ）生活再適応
　（ウ）失業　　　　　　　　（エ）退職
④ （ア）精神疾患の発症　　　（イ）社会的再適応
　（ウ）配偶者の死　　　　　（エ）家族との離別

解説 正しい文言は④の選択肢です。　　　　　　　　　　　　【解答】④

問題2 ストレスと評価尺度など

予想問題

ストレスに関する次の記述のうち、最も適切なものを1つだけ選べ。
① ワシントン大学精神科のHolmesらが作成した「社会的再適応評価尺度」は、人生や日常生活を大きく変えることになる100の出来事を抽出したチェックリストである。
②「社会的再適応評価尺度」には、離婚や失業、上司とのトラブルといった、人生や仕事においてマイナスとなる出来事のみが抽出されている。
③「社会的再適応評価尺度」にある出来事の回数と表の「ストレス値」を掛け合わせたものの合計点数が、年間200〜299点の場合には、翌年、51%の人に何らかの疾患が発症したことが明らかになっている。
④「労働時間や労働条件の変化」という出来事は、「転職」という出来事よりもストレス値が高く設定されている。

解説 ① 43の出来事が抽出されています。
② マイナスの出来事だけでなく、「結婚」や「自分の輝かしい成功」など、**一般的にはプラスの出来事も抽出**されています。
④「労働時間や労働条件の変化」のストレス値は20であり、「転職」は39なので、**「転職」のほうがストレス値は高い**です。　　　　　　　　　　　　　　　【解答】③

4-3
いつもと違う自分に気づく

① ストレス反応の具体例　　重要度 🐾🐾🐾

　本人にとって強過ぎるストレスが長期にわたって持続すると、身体面・心理面・行動面にストレス反応が発生します。自分に起きているこのストレス反応を自覚し、早めに対処できるかどうかが予防にはとても大切です。そのときのポイントは**「いつもと違う」というギャップ**です。

　これは他人や一般論と比較しての違いではありません。

　「いつもは楽しみにしている趣味に興味が持てなくなった」「普段は寝つきがいいほうだったのに、なかなか夜寝つけなくなった」「煙草の本数が増えた」など、自分自身の健康なとき、調子のよいときと比較して、「いつもと違う」という辛い症状が**2週間以上継続**している場合には、社内の産業保健スタッフや医療機関の医師など、専門家に相談することが必要になります。

　表1で、ストレス反応の具体例を見ていきましょう。

　急性反応とは、ストレスを受けてからすぐに出てくる反応で、症状は一過性です。**慢性反応**とは、ストレスを受けたあとゆっくり出てくる反応で、持続性があります。

◀表1　ストレス反応の例▶

	急性反応	慢性反応
身体面	動悸・発汗 顔が赤くなる 胃痛・下痢 震え・筋肉が緊張する	疲労・不眠 循環器系症状（高血圧など） 消化器系症状（過敏性腸症候群（IBS）など） 呼吸器系症状（気管支喘息など） 神経筋肉系症状（腰痛など）
心理面	不安・緊張 怒り・興奮 混乱・落ち込み	**不安・短気になる** **抑うつ・無気力・不満** **退職願望**
行動面	その物事から逃げる ミスやエラーが増える 事故を起こす 喧嘩をする	**勤怠不良（遅刻、欠勤、早退）** **作業能率の低下** お酒や煙草が増える 過食または食欲低下 生活の乱れ

② 身体面のストレス反応　　　重要度 🐾🐾🐾🐾🐾

　身体面のストレス反応は、「具合の悪さ」として比較的自覚しやすいものです。ただ、身体症状を「ストレスだ」と決めつけることには注意が必要です。実際は身体の病気である可能性もありますから、医師の診断を受けることが大切です。

③ 心理面のストレス反応　　　重要度 🐾🐾🐾🐾🐾

　心理面のストレス反応は、身体面以上に他人にはわかりにくいので、自らの気づきが重要になりますが、気づいていても自分では対処が難しいという側面もあります。「自分の性格の問題だ」「自分がしっかりしていないからだ」と自責するだけで何も行動を起こさないケースが多いものです。

　心の問題も、身体の問題と同様、早めに専門家に相談するという行動を起こしましょう。

④ 行動面のストレス反応　　　重要度 🐾🐾🐾🐾🐾

　行動面のストレス反応は、周囲の人が気づきやすいのが特徴です。特に職場では、「仕事ぶりの変化」として現れます。「以前は早くできていた仕事に時間がかかる」「ミスが増える」「取引先や顧客からクレームが増える」「納期に間に合わない」「同僚とトラブルを起こす」など、その人らしくない仕事ぶりになってきます。

　上司、同僚から指摘があった場合には、素直に受け入れ、自分を振り返ってみましょう。

ストレス反応の現れ方は、人それぞれであり、まず身体面に強く出る人もいれば、「気分が乗らない」「少し落ち込んでいる」というような気分の面から出る人もいます。

過去問題・予想問題を解いてみよう!!

問題 1 早期対処   `25回第3問[4]`

　メンタルヘルス不調の早期対処に関する次の記述のうち、最も適切なものを1つだけ選べ。

① メンタルヘルス不調は、心理的な分野ではあるが、発症の状態が第三者には分かりやすいという面がある。

② 心理的な面は、本来であれば本人自身がその変調に気づくはずだが、本人の判断能力も低下していることがあるため、第三者の指摘によって初めて気づくという場合も少なくない。

③ ストレスの現れ方としては、まず微熱、腰痛、頭痛や食欲不振など、身体面に現れてから、その後「気分が乗らない」「少し落ち込んでいる」などの気分の面に現れる。

④ メンタルヘルス不調は、多くの場合、独力で解決できる問題が多いので、友人や家族、産業医など、第三者の協力を得た上で自ら対処することが必要である。

解説 ① 心理面の発症の状態は、それが**行動面での変化**として現われない限り、**第三者にはわかりにくい**ものです。

③ **ストレスの現われ方は人それぞれ**であり、身体面が先に出る人もいれば、気分の面から現われる人もいます。

④ メンタルヘルス不調の問題は**独力で解決するのは難しく**、**第三者の支援や協力**が必要になります。   **【解答】②**

4-4
ストレスチェックによる気づき

　2015 年 12 月に労働安全衛生法が改正され、**従業員 50 人以上の事業場**にはストレスチェックの実施が義務づけられました。労働者はこのストレスチェックを利用して、セルフチェックをすることも、自分の状態の気づきにつながります。ストレス状況はその時々によって変化しますから、年 1 回程度、定期的に受検するとよいでしょう。

① ストレス要因の評価方法　　重要度 🐾🐾🐾🐾

　職場のストレスチェックに代表的に使われているのが、**職業性ストレス簡易調査票**です。

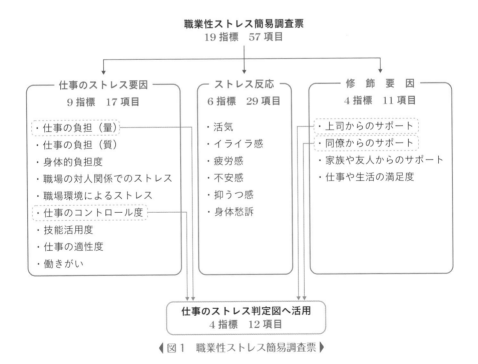

職業性ストレス簡易調査票
19 指標　57 項目

| ── 仕事のストレス要因 ── | ── ストレス反応 ── | ── 修飾要因 ── |
| 9 指標　17 項目 | 6 指標　29 項目 | 4 指標　11 項目 |

仕事のストレス要因
- ・仕事の負担（量）
- ・仕事の負担（質）
- ・身体的負担度
- ・職場の対人関係でのストレス
- ・職場環境によるストレス
- ・仕事のコントロール度
- ・技能活用度
- ・仕事の適性度
- ・働きがい

ストレス反応
- ・活気
- ・イライラ感
- ・疲労感
- ・不安感
- ・抑うつ感
- ・身体愁訴

修飾要因
- ・上司からのサポート
- ・同僚からのサポート
- ・家族や友人からのサポート
- ・仕事や生活の満足度

仕事のストレス判定図へ活用
4 指標　12 項目

◀ 図 1　職業性ストレス簡易調査票 ▶

◀「職業性ストレス簡易調査票」の特徴▶

・ストレス反応、職場におけるストレス要因、修飾要因が同時に評価できる
・あらゆる業種で使用できる
・57問で構成されているため、約10分で回答できる
・心理的反応だけでなく、身体的反応も測定できる
・心理的反応ではネガティブな反応ばかりでなく、ポジティブな反応も測定できる
・仕事外のストレス要因（家庭のストレスなど）や個人のパーソナリティ（性格など）は測定していない
・調査時点のストレス状況の把握なので、実施する時期によって結果は変動する
・回答は4件法（そうだ、まあそうだ、ややちがう、ちがう）

ストレスチェックの実施が2015年12月より法制化されたので、問題として出やすいかもしれません。この調査票がベーシックなものなので、特徴や質問項目などよく見ておいてください。

簡易判定法によると、「仕事のストレス要因」の「心理的ストレス反応」への影響は表1のようになっています。

◀表1 仕事のストレス要因とストレス反応の関連▶

		要チェックの数	「心理的ストレス反応」要チェックのリスク	
			男性	女性
仕事のストレス要因	「仕事の負担度」	いずれか2つ	2.4倍	2.5倍
	「仕事のコントロール度」	いずれか3つ	4.6倍	5.6倍
	「仕事での対人関係」			
	「仕事の適合性」	4つすべて	6.6倍	7.6倍

また、標準化得点を用いた結果の出し方は、厚生労働省のポータルサイト「こころの耳」の中でチェックが可能です。

② 新職業性ストレス簡易調査票　　　重要度

2012 年 4 月に、新職業性ストレス簡易調査票も公開されています。

> **◀新しくなった点▶**
>
> ① 仕事のポジティブな側面も評価して、よい点や強みをさらに
> 伸ばすという視点での質問が追加された
> ・仕事の意義
> ・成長の機会
> ・上司のリーダーシップ
> ・キャリア形成の機会
> ・**ワーク・エンゲイジメント**
> ・職場の一体感など
> ② 42 尺度 120 問で構成されている（短縮版は 80 問）

 ## 過去問題・予想問題を解いてみよう !!

問題 1 職業性ストレス簡易調査票　　　25回第4問[4]

　職業性ストレス簡易調査票に関する次の記述のうち、最も適切なものを 1 つだ
け選べ。
① 仕事上のストレス要因のみを測定する調査票である。
② あらゆる業種の職場で使用できる。
③ 項目数が 30 項目と少なく、職場で簡便に使用できる。
④ 回答の仕方は 5 件法である。

解説　① ストレス要因のほか、**ストレス反応や周囲からの支援も測定**します。
③ 項目数は **57 項目**です。
④ 回答の仕方は **4 件法**です。　　　　　　　　　　　　　　　　【解答】②

問題2　職業性ストレス簡易調査票　　　　　　　**予想問題**

　職業性ストレス簡易調査票に関する次の記述のうち、最も適切なものを1つだけ選べ。

① 職場や家庭のストレス要因や性格的な要素、心理的なストレス反応、ソーシャルサポートの度合い（修飾要因）などを調査するものである。

② 設問数は100問あり、あらゆる業種で使用できるように工夫されている。

③ 結果は、実施する時期によって変動するものである。

④ うつ病などの精神疾患を診断できるものなので、リスクが高いという結果は職場で真摯に受け止め、対策を考える必要がある。

解説　① 家庭のストレス要因と性格的な要素は測定されません。また、心理的なストレス反応だけでなく、**身体的なストレス反応も測定**されます。

② 職業性ストレス簡易調査票の設問数は**57問**です。

④ うつ病などの精神疾患を診断するものではありません。**将来的にメンタルヘルス不調になるリスクの大きさを測定する**ものです。　　　　　　　　　　　　【解答】③

問題3　ストレス　　　　　　　　　　　　**27回第4問[3]**

　ストレスに関する次の記述のうち、最も適切なものを1つだけ選べ。

① 強いストレスを抱えている労働者は、仕事のモチベーションが高い状態でもあり、所属する組織の経営には全く影響を及ぼさない。

② 仕事で要求される度合いが大きく、自由裁量の度合いも大きく、社会的支援が得られない場合に最もストレスが高くなる。

③ 悲観的なものの見方をする傾向のある人は、楽観的なものの見方をする人よりも、うつ尺度の点数が高くなる傾向がある。

④ 同じストレス要因であれば、その人が「どう認知するか」によってストレスの強さは規定されるため、対人関係のスキルがあるかどうかは影響しない。

解説　① 強いストレスを抱えている労働者は仕事ぶりに変化が出たりするため、**組織の経営に影響を及ぼします**。

② 自由裁量の度合いが**「小さい」**場合に、**ストレス度は高くなります**。

④ 人間関係は職場のストレスの中では大きな要素であり、**対人関係のスキルはストレスの度合いに大きく影響**します。　　　　　　　　　　　　【解答】③

感情を調整する〜わからないことを受け入れる〜

　人間はそもそも、「明かき、清き、直き、正しき心」を持っている、古代の日本人はそう考えていました。私たちの魂、存在は神と分け合ったものであると考え、徹底的にネアカな民族だったのです。「あな天晴れ！あな面白い！あな楽し！あな清明（さやけ）！アッハッハ！」と笑うことで、暗なる気を吐き出し、元気を取り入れていたといいます。死の世界さえ、別れた人に会える光り輝く場所でした。そういう価値観、神話の中、私たちの祖先は生きていたのです。神の「分け御魂（みたま）」である人間は、そもそも清明で正直であるはずだから他人を疑う必要がなかったし、いちいち口で自分の正しさを主張しなくても互いに心の奥底が通じている、そんなあり方が日本人の美徳でした。

　葉の影に隠れて慎ましやかに咲く山茶花を愛でる心、散り行く桜を惜しむ心、掃き清められた庭を飽かず眺める心、小さいもの、微かなもの、けなげなもの、ささやかなもの…静寂の中で今にも消えゆかんとする美というものを敏感に捕らえ、愛でる心を持っていることもまた、日本人の美徳であったように思います。目に見えぬもの、言葉にできぬもの、曖昧なもの、割り切れぬもの…この世界にはそういうものが沢山あり、日本人は生来、そういったものを豊かな感受性で認識していました。信じていました。茫漠としたこの世界をそのままに受け止め、敬ってきたのです。

　「正義か悪か」「味方か敵か」「美か醜か」「得か損か」「成功か失敗か」「どちらを取り、捨てるか」…明確に「分からない（分けられない）」ことがたくさんあります。一方、「分からないこと」への飽くなき探求が、人間の文明をここまで押し進めてきました。それはそれで素晴らしいのですが、しかし「分からないこと」への畏怖の念を忘れ去ってはいけない、そう思うのです。

　物事を分けて分けて細かく分けて、徹底的に分析していくことが正に科学のやり方ですが、「分ける」という言葉は、実は「罪」が語源なのだそうです。人間はこれまで、快適な生活のために、自然と自分たちを分け、動物と自分たちを分け、他人と自分を分け、現象を分け続けてきました。だからこそ、今ここで「分けられない」＝「分からない」ことへの畏敬の念を取り戻さねばならない時に来ていると思います。

　この世界の「リズム」、「循環」といってもよく、「バランス」といってもよいのですが、それを理屈ではない全感受性でバーンッと受け止め、「分からない」ということが「分かった」とき、人は自分がここに生きている奇跡を知り、「ありがたい」という思いで満たされます。日本人はずっと、「分からない」ことの全てを「神」として親しんできたのです。普段、ビジネスの世界で忙しく生きる私たちは、「分からない」ことを嫌います。でも、本当に大切なことは「分からない」のだ、と知っているだけでも、心を失わずに済むと思います。

5章

ストレスの対処法

全出題問題50問中、「5章 ストレスの対処法」からは、15問出題されています。**本章はセルフケアコースのメインとなる章であり、すべての項目からまんべんなく出題されます。特に、ストレスコーピング**については、多く出題されます。

出題傾向分析

重要度	重要な内容	
🐾🐾🐾	• 睡眠 • リラクセーション • コーピングの種類 • カウンセリング	• 同僚のケア • 食事 • 4つのソーシャルサポート • 傾聴
🐾🐾	• 運動 • 認知行動療法（CBT）	• アサーション
🐾	• 休養 • 段階に応じたコーピング	• ソーシャルサポートの自己点検
新項目	• マインドフルネス	

🐾🐾🐾：よく出題される　　🐾🐾：比較的よく出題される　　🐾：出題されることがある
新項目：公式テキスト（第5版）より追加された内容

基本的な予防

　メンタルヘルス不調の予防には、規則正しい日常生活が大切です。基本的なところからみていきましょう。

1　休　養

重要度 🐾

　一般的に、昼間、仕事など活動している間は自律神経のうち**交感神経**が優位になっており、夜、自宅に帰って家族と食事をしたり、ゆったりとした時間を過ごしている間は**副交感神経**が優位になっています。

交感神経	交感神経
∨	∧
副交感神経	副交感神経

◀図1　交感神経と副交感神経▶

　「休養が大切」というと、何か当たり前のことをいわれているように思うかもしれませんが、夜間に心身をゆっくり休めることは、副交感神経を優位にするということなのです。

　私たちの体は、副交感神経が優位になっている間に、消化や新陳代謝を促進したり、老廃物を体外に排出したりしています。そのようにして疲労を翌日まで持ち越さないことが、一番大切です。**自律神経（交感神経・副交感神経）のバランスを保つこと**が、予防の基本と考えてください。

② 睡　眠

重要度 🐾🐾🐾🐾

夜間に心身をゆっくり休める、その一番の方法はもちろん睡眠です。睡眠不足や睡眠障害は、昼間の仕事中のミス、能率低下、情緒不安定、場合によっては重大な事故につながることもあります。

また、よい睡眠がとれないと**交感神経優位の状態**が持続されるため、疲労が蓄積し、心循環器系への負担が増し、高血圧、糖尿病、心臓病、脳疾患など生活習慣病のリスクが高まります。

参考に、厚生労働省が発表した「健康づくりのための睡眠指針 2014」をご紹介します。

◀健康づくりのための睡眠指針▶

1. 適度な運動、しっかり朝食、ねむりとめざめのメリハリを。
   ① 定期的な運動が効果的、激しい運動はかえって睡眠を妨げる
   ② 朝食はからだと心のめざめに重要
   ③「睡眠薬代わりの寝酒」は睡眠を悪くする
   ④ 就床前の喫煙やカフェイン摂取を避ける
2. 睡眠による休養感は、こころの健康に重要
   ① 眠れない、睡眠による休養感がない場合は、こころの SOS の場合あり
   ② 睡眠による休養感がなく、日中も辛い場合、うつ病の可能性も
3. 年齢や季節に応じて、昼間の眠気で困らない程度の睡眠を
   ① 自分にあった睡眠時間があり、8 時間にこだわらない
   ② 年齢を重ねると睡眠時間は短くなるのが普通
   ③ 日中の眠気で困らない程度の自然な睡眠が一番
4. 良い睡眠のためには、環境づくりも重要
   ① 自分にあったリラックス法が眠りへの心身の準備となる
   ② 不快な音や光を防ぐ環境づくり、寝具の工夫
5. 目が覚めたら日光を浴びる
   ① 目が覚めたら光を浴びて体内時計をスイッチオン
   ② 夜更かしは睡眠を悪くする
6. 疲労回復・能率アップに；毎日十分な睡眠を
   ① 日中の眠気が睡眠不足のサイン
   ② 睡眠不足は結果的に仕事の能率を低下させる
   ③ 睡眠不足が蓄積すると回復に時間がかかる
   ④ 午後の短い昼寝でリフレッシュ
7. 眠くなってから寝床に入り、起きる時刻は遅らせない
   ① 眠たくなってから寝床に就く、就床時刻にこだわりすぎない
   ② 眠ろうとする意気込みが頭を冴えさせ寝つきを悪くする

---

③ 眠りが浅いときは、むしろ積極的に遅寝・早起きに
8. いつもと違う睡眠には、要注意
　① 睡眠中の激しいいびき・呼吸停止、手足のびくつき・むずむず感や歯ぎしりは要注意
　② 眠っても日中の眠気や居眠りで困っている場合は専門家に相談
　　　　出所：厚生労働省「健康づくりのための睡眠指針 2014」より

　よい睡眠をとるための、そのほかのポイントは表1のとおりです。

◀表1　よい睡眠をとるためのポイント▶

要素	概要
光	・朝、太陽の光を浴びると、14〜16時間後に眠気ホルモン「メラトニン」が分泌されて、自然と眠くなる ・毎日同じ時刻に起きて、太陽の光を浴びれば、自然と睡眠のリズムが整う
体温	・温かい夕食やぬるめのお風呂で寝る前の体温を少し上げておくと、眠りにつくときの体温低下が顕著になり、深い眠りに入れる
就寝前の刺激を避ける	・就寝前は交感神経を刺激するような、テレビ、ゲーム、携帯電話、パソコンなどの長時間の使用は避ける ・睡眠薬代わりの「寝酒」は、睡眠の質を悪くする
寝室環境を整える	・寝室は暗くし、静かな環境を整える ・リラックスできるような香りや音楽を取り入れるのもよい
睡眠時間	・睡眠時間や睡眠パターンは個人差が大きいので、8時間睡眠にこだわり過ぎない ・昼寝をするなら15時前の20〜30分がよい
交替制勤務の場合	・夜勤のとき、職場の照明はできるだけ明るく ・夜勤シフトの2日前から遅く寝る ・夜勤明けはサングラスをかけて目に日光を入れない ・寝室は遮光カーテンなどで、なるべく暗く ・夜勤明け当日の帰宅してすぐの睡眠は2〜3時間にとどめ、明るいうちに起きて活動的に過ごす

 3　運　動　　　　重要度 🐾🐾🐾

　適度な運動は、心身症やメンタルヘルス不調の予防になるだけでなく、うつ病などの症状改善に役立つともいわれています。

◀ 表2 運動の効果 ▶

運動の効果	概要
ストレス解消・気分転換	・蓄積されていた疲労やストレスを解消し、リフレッシュできる ・定期的・習慣的に運動を生活に取り入れることで、ストレスを溜め込み過ぎずに済む
うつ病など精神疾患の症状改善	・運動によって、脳内の神経伝達物質であるエンドルフィンやセロトニンが分泌されて、うつ病などの精神疾患の症状改善に寄与しているのではないかという研究成果が多く報告されている
熟眠の促進	・ただし、就寝前に激しい筋力トレーニングなどの運動をしてしまうと、かえって交感神経が刺激されて逆効果になるので注意

④ 食　事　　　　　　　　　　　　重要度

食事はその内容（栄養素）も大切ですが、何より、「同じ時間に規則正しく食事をする」という生活習慣そのものが、自律神経のバランスを整えます。空腹時には交感神経が、満腹時には副交感神経が優位になりますので、決まった時間にその切り替えが行われることが大切なのです。

◀ 表3 予防に役立つ栄養素 ▶

栄養素の効果	栄養素	具体的な食材
アドレナリンやコルチゾールなど「抗ストレスホルモン」の合成を助ける	ビタミンB群	豚肉、乳製品、レバー、納豆など
	ビタミンC群	野菜、果物など ※ビタミンCは煙草やお酒で失われるので、喫煙・飲酒が増えている場合には意識的に補う
精神安定に効果がある	カルシウム	小魚、海藻類、乳製品など
	マグネシウム	ナッツ類、大豆など
ホルモン分泌を助ける	たんぱく質	魚類、肉類など ※ストレスによってホルモン分泌が盛んになると、たんぱく質が多く使われるので、意識的に補う

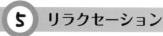
5　リラクセーション　　　重要度

　副交感神経を優位にするには、リラクセーションも効果的です。リラクセーションに共通するポイントは以下の通り4つあります。

> **◀リラクセーションのポイント▶**
> ① 楽な姿勢・服装で行う
> ② 静かな環境で行う
> ③ 心を向ける対象をつくる
> ④ 受動的態度（身体の状態にそっと注意を向ける）

　それでは、自分で簡単に実践できる代表的なリラクセーションを表4にていくつかご紹介しましょう。

◀表4　代表的なリラクセーション▶

方法	概要
呼吸法	・深くゆっくりとした腹式呼吸により心身をリラックスさせる
漸進的筋弛緩法	・「腕➡肩」と順番に筋肉を緩めることで心身をリラックスさせる ・筋肉に力を入れたときと、弛緩させたときの感覚の落差により、リラックスした筋肉の状態を感じやすくなる（図2参照）
自律訓練法	・自己暗示の練習によって不安や緊張を軽減し、筋肉を弛緩させて自律神経のバランスを整える。 ・椅子にゆったり座るか、仰向けに寝て実施する

①	背景公式（安静練習）：「気持ちが落ち着いている」と自己暗示する
②	第1公式（重感練習）：「両手両脚が重たい」と自己暗示する
③	第2公式（温感練習）：「両手両脚が温かい」と自己暗示する
④	練習が終わったら、必ず「消去動作（伸びをする、手をグーパーする、脚をブラブラさせるなど）」を行う

	・リラクセーションとしては、上記②③の部分だけで十分効果があるが、**全公式としては第6公式まである** ・なお、不安感やイライラ感、不快感をともなう胸痛や頻脈が出現する場合は練習を中止する
その他	・音楽、ヨガ、アロマテラピーなど

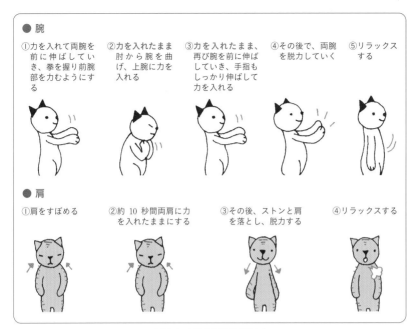

● 腕

① 力を入れて両腕を前に伸ばしていき、拳を握り前腕部を力むようにする

② 力を入れたまま肘から腕を曲げ、上腕に力を入れる

③ 力を入れたまま、再び腕を前に伸ばしていき、手指もしっかり伸ばして力を入れる

④ その後で、両腕を脱力していく

⑤ リラックスする

● 肩

① 肩をすぼめる

② 約10秒間両肩に力を入れたままにする

③ その後、ストンと肩を落とし、脱力する

④ リラックスする

◀ 図2　漸進的筋弛緩法 ▶

出典：中央労働災害防止協会「心理相談専門研修テキスト」2006年を参考に作成

6　認知行動療法　　　　重要度 🐾🐾🐾

認知行動療法（CBT）とは、セルフコントロール力を高める心理療法の１つです。この認知行動療法に関して、**うつ病や不安障害**（パニック障害、強迫性障害、社会不安障害など）、**不眠**などに対し、科学的根拠に基づいた有効性が報告されています。そのため、エビデンスのある心理療法として、現在は**精神疾患の治療法において第一選択肢となることが多く**なっています。

「上司に叱られる」という出来事があった場合、人によってひどく落ち込んだり、気にしなかったりします。この結果の違いは、**認知行動療法的には、個々人の「認知」の違い**だと考えます。落ち込みやすい人には、その人特有の「**認知の歪み**」があると捉えます。

例えば「自分は何をやってもダメなやつだ」という「認知の歪み」を、「人は誰でも失敗することがある」という「認知」に修正することで、結果としての気分（感情）が変わっていきます。

認知行動療法では、「身体反応（頭痛や腹痛、疲労感など）」と「気分（悲しい、

怒り、憂うつなど)」に焦点を当てて変えようとするのではなく、**「認知（思考）」**
と**「行動」**に焦点を当てます（図3）。

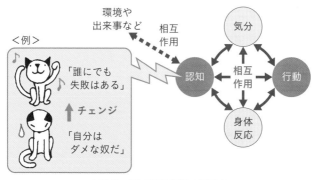

◀ 図3　認知行動療法の概略 ▶

　この4つは相互に影響を与え合っているので、**本人を苦しめる「認知（思考）」**
と**「行動」のパターンを修正する**ことによって、結果として「身体反応」と「気
分（感情）」も変わり、セルフコントロール力が高められていくのです。

⑦　マインドフルネス　　　　　　　　重要度 新項目

　近年、生産性の向上や健康維持のための方法としてマインドフルネスが注目さ
れています。マインドフルネスは2,500年以上前の原始仏教用語のsatiという言
葉の英語訳です。「心をとどめておくこと」「注意」などの意味があります。日本
語では「気づき」と訳されることが多いです。**「今、ここ」**の現実をあるがまま
に感じ、感情や思考にとらわれない意識の持ち方を目指します。

　1970年代に、米国のJon Kabat-Zinnが慢性疼痛患者を対象としたグループ療法
として、「マインドフルネスストレス低減法（MBSR）」を開発し、それ以降、
MBSRを再発性うつ病に適用したマインドフルネス認知療法や、アクセプタンス
＆コミットメント・セラピーなどの療法が、精神医学や臨床心理学の分野で活用
されるようになりました。

　私たちの悩みは、「どうしてあんなことを言ってしまったのだろう」という過
去の後悔や、「将来、こんなことが起きたらどうしよう」という未来の心配から
生まれることが多いものです。マインドフルネスは「今、ここ」に意識を向ける
ことで、過去や未来への否定的な思考、感情から距離をおきます。つい過去や未

来のことを考えてしまっても、「ああ、今自分は、『また失敗したらどうしよう』と考えているな」と、その思考を俯瞰し、また静かに「今、ここ」に意識を戻します。そうするための方法として、「瞑想」が適しています。ここでは、2つの瞑想法をご紹介します。

◀瞑想法▶

- **集中瞑想**…「今、ここ」に注意をとどめるための集中力を育む瞑想。何か特定の対象に集中する。「呼吸」を対象にすることが多い。呼吸だけに意識を集中し、何か雑念が浮かんできても、「ああ、またこんなことを考えてしまったな」と思考を俯瞰し、また呼吸に意識を戻す、ということを繰り返す。
- **洞察瞑想**…今、この瞬間に生じている経験に気づいているための平静さを育む瞑想。特定の対象を用いずに、今、この瞬間に生じている思考や感覚などの経験が、現われては消えていくさまに「気づいている」ということを訓練する。この訓練により、どんな体験がきても、穏やかで落ち着いた心の状態でいることができるようになる。

過去問題・予想問題を解いてみよう‼

問題 1 **ストレスの予防・軽減**　　　　　　　　　　【予想問題】

　ストレスの軽減に重要な食事や睡眠に関する次の記述のうち、最も適切なものを1つだけ選べ。

① 眠気を生じさせるホルモンであるメラトニンは、朝の光を浴びてから、10〜12時間後に身体に分泌される。

②「健康づくりのための睡眠指針」によると、睡眠時間は誰であっても8時間程度しっかりとり、日中眠気がないかによって十分な睡眠がとれているかを評価する。

③ ストレスがかかっているときには、抗ストレスホルモンの合成のため、ビタミンB群やC群が必要となり、ビタミンB群を多く含む食事としては、乳製品、レバー、納豆などがある。

④ カリウム、マグネシウムには精神安定の効果があり、小魚、海藻、乳製品、ナッツ、大豆などをよく食べると良い。

解説 ① メラトニンの分泌は、朝の光を浴びてから**14〜16時間後**です。

②健康づくりのための睡眠指針によると、適切な睡眠時間は人それぞれであり、**睡眠時間は8時間にこだわらないこと**とされています。

④「カリウム」ではなく、**カルシウム**です。　　　　　　　　　　　　【解答】③

問題2 **ストレス対処**　　　　　　　　　25回第5問[3]

　ストレスへの対処、軽減の方法に関する次の記述のうち、最も適切なものを1つだけ選べ。

① ストレスによってホルモン分泌が盛んになると、糖質の代謝が亢進されるので、糖質を食事で積極的に補うのがよい。

② 自律訓練法は、治療法やリラクセーション法として、必ず専門家の指導のもとに実施されなければならない。

③ 緊張したときや不安なときは、意識的に深くゆっくりとした腹式呼吸をすることで心身をリラックスさせることができる。

④ 漸進的筋弛緩法は、自己暗示の練習によって不安や緊張を軽減させるもので、重感練習と温感練習などを行うものである。

解説 ① 糖質ではなく、**たんぱく質の代謝が亢進**されます。
② 自律訓練法は、**セルフケアとして自分で実践することも可能**です。
④ 記載の内容は、**自律訓練法の内容**です。　　　　　　　　　　【解答】③

問題3 **ストレス対処**　　　　　　　　　25回第5問[4]

　ストレスの軽減方法に関する次のA〜Dの記述のうち、正しいものの組合せを1つだけ選べ。

A. 自律訓練を行うときは、仰臥姿勢（上向きに寝た姿勢）では眠ってしまって訓練にならないので、安楽椅子や単純椅子に座った姿勢で行う。

B. 自律訓練法の第1公式は温感練習であり、「両手両脚が温かい」と自己暗示を行う。

C. 認知行動療法は、認知と行動の両面からの働きかけにより、セルフコントロール力を高めて、ストレス、抑うつ、不安などの改善を図る心理療法の技法の総称である。

D. 落ち込みやすい人は、ちょっとした失敗を取り返しのつかない失敗だと考えたりする独特の認知のゆがみがある。

① 　AとB
② 　BとC
③ 　BとD
④ 　CとD

解説 A 自律訓練法は、**仰臥姿勢で行う**ことも勧められています。
B 第1公式は**重感練習**であり、「**両手両脚が重たい**」と自己暗示を行います。　　　【解答】④

問題 4 **ストレス対処** 26回第5問[7]

ストレスへの対処、軽減の方法に関する次の記述のうち、最も適切なものを1つだけ選べ。

① ストレス下では、ビタミンB群よりもビタミンA詳の補給が必要になる。
② 自律訓練法には、背景公式（安静練習）、第1公式（温感練習）、第2公式（重感練習）という標準練習手順がある。
③ 自律訓練法の練習はなるべく静かなところで、椅子にゆったり座るか、仰向けに寝て実施する。練習後は必ず消去動作をする。
④ 漸進的筋弛緩法は、自己暗示の練習によって不安や緊張を軽減させるものである。

解説 ① ストレス下では、抗ストレスホルモンの合成を助けるために、**ビタミンB群やビタミンC群の補給**が必要となります。
② 第1公式が「重感練習」で、第2公式が「温感練習」です。
④ 記載の内容は、自律訓練法の内容です。**漸進的筋弛緩法は、筋肉に力を入れたときと、弛緩させたときの感覚の落差**により、リラックス状態を感じる練習です。 **【解答】③**

問題 5 **ストレス対処** 30回第5問[4]

ストレス対処としての運動・食事に関する次のA〜Dの記述のうち、正しいものの組合せを1つだけ選べ。

A. 抑うつの予防や軽度の抑うつのセルフケアには、運動が有効である。
B. 食事は、心の健康に大きく影響している。
C. ストレスが加わると、体内ではストレス反応を高めるホルモンとして、アドレナリンやコルチゾールが分泌され、ビタミン補給が必要となる。
D. 精神安定に効果があるカルシウムは大豆やナッツ類、マグネシウムは海藻類や乳製品などに多く含まれている。

① AとB
② BとC
③ BとD
④ CとD

解説 Cストレス反応を高めるホルモンではなく、**ストレスに「対抗する」ホルモン**が分泌されます。
Dカルシウムとマグネシウムの記述が逆です。 **【解答】①**

問題6 **ストレスと感じにくい考え方**　　　　　　　　　25回第5問[10]

　ストレスと感じにくい考え方に関する次のA〜Dの記述のうち、正しいもの（○）と誤っているもの（×）の組合せとして、最も適切なものを1つだけ選べ。

A. 上司を前にしてプレゼンテーションを行うという刺激に対して、「自分の考えを示せるよい機会だ」と考える。
B. 「絶対にミスをしてはならない」と自分自身に発破をかける。
C. パートナーに魅力を感じてもらうために「こうあらねばならない」と高い理想を掲げる。
D. 「残業できることは仕事があるということで会社は安泰だ」と考える。

① 　(A)　×　　(B)　×　　(C)　○　　(D)　○
② 　(A)　○　　(B)　×　　(C)　×　　(D)　○
③ 　(A)　○　　(B)　○　　(C)　×　　(D)　×
④ 　(A)　×　　(B)　○　　(C)　○　　(D)　×

解説　B記載の考え方は、**プレッシャーが大きくなり、またミスをしてしまったときには、落ち込みが深くなってしまいます。**
C記載の考え方は、**高い理想と違う自分を許すことができずに、ギャップが大きいほどストレスを感じやすくなります。**　　　　　　　　　　　　　　　　　　　【解答】②

問題7 **リラクセーション**　　　　　　　　　　　　　　　　　　予想問題

　リラクセーションに関する次の記述のうち、最も**不適切**なものを1つだけ選べ。

① 漸進的筋弛緩法では、心の緊張をまず解いて、次に緊張した筋肉を順番に解きほぐすことでリラックス状態を作り出す。
② 漸進的筋弛緩法で腕の筋肉を緩めるには、力を入れたまま両腕を伸ばしたり曲げたりしたあと、最後に両腕を脱力していく。
③ 自律訓練法は全部で第6公式まであり、自己暗示を用いて自律神経系のバランスを整える。
④ 自律訓練法は、座って行っても、仰臥姿勢で行ってもよい。

解説　① リラクセーションとは、心の緊張をまず解くのが難しいために、**先に、身体の緊張を解いていく方法です。**　　　　　　　　　　　　　　　　　　　【解答】①

問題 8　呼吸法　　27回第5問［10］

　リラクセーションのための呼吸法に関する次の記述のうち、最も**不適切なもの**を1つだけ選べ。

① 呼吸には、胸式呼吸と腹式呼吸がある。

② 緊張した時や不安な時は、腹式呼吸になっているため、意識的に胸式呼吸にすることで心身をリラックスさせることができる。

③ 呼吸法の手順は、（1）息を吐いて、（2）ゆっくり息を吸って、（3）ゆっくりと息を吐く。その後は（2）と（3）を繰り返す。

④ 呼吸法は、最初は3分程度続けられることを目標にして、徐々に長くできるように練習する。

解説　②腹式呼吸と胸式呼吸の記載が逆です。　　【解答】②

問題 9　睡眠　　第29回第5問［4］

　「健康づくりのための睡眠指針 2014」（厚生労働省）の内容に関する次の記述のうち、正しいものの組合せを1つだけ選べ。

A. 朝食はからだと心のめざめに重要。

B. 眠れない、睡眠による休養感がない場合は、こころの SOS の場合あり。

C. 年齢を重ねると睡眠時間は長くなるのが普通。

D. 午前中の短い睡眠でリフレッシュ。

① 　A と B

② 　B と C

③ 　B と D

④ 　C と D

解説　C 年齢を重ねると、睡眠時間は**短くなる**のが普通、とあります。
D **午後の短い睡眠**でリフレッシュ、とあります。　　【解答】①

問題10 **認知行動療法**　　　　　　　　　　　　　　　　　24回第5問[4]

　認知行動療法に関する次の A〜D の記述のうち、正しいものの組合せとして最も適切なものを 1 つだけ選べ。

A. 認知行動療法は、行動に焦点を当てた行動療法と、思考などの認知に焦点を当てた認知療法が、1960 年代に米国の精神科医である Beck A.T. により統合された心理療法である。

B. 認知行動療法の基本モデルでは、ストレスを、個人を取り巻く環境におけるストレス状況と、そのストレス状況から生じるストレス反応に分けてとらえる。

C. 認知行動療法は、ストレス反応を、認知（思考）、気分（感情）、行動の 3 領域で分けて理解する。

D. 認知行動療法は、不眠やパニック障害、強迫性障害には適用されない。

① 　A と B
② 　B と C
③ 　B と D
④ 　A と D

解説　C 記載されている 3 領域のほかに、**「身体反応」**という領域があり、4 領域に分けられています。
D 認知行動療法は、不眠やパニック障害、強迫性障害にも**適用されています。**　　【解答】①

問題11 **認知行動療法**　　　　　　　　　　　　　　　　　予想問題

　認知行動療法に関する次の記述のうち、最も**不適切**なものを 1 つだけ選べ。

① 認知行動療法は、エビデンスのある心理療法として、うつ病、不安障害、不眠などの治療過程において、心理療法の第一選択肢となることが多い。

② 認知行動療法では、自分の力で変えやすい「気分・感情」と「認知・思考」に焦点をあてていく。

③ 例えば仕事で失敗をしたとき、「自分は何をやってもダメな人間だ」と考えるのは、認知に不合理な歪みがあると捉えられる。

④ 認知の不合理や歪みが、合理的なものに修正されることで、「身体反応」や「気分・感情」にも良い影響がある。

解説　② 認知行動療法で焦点をあてて修正するのは、**「認知・思考」**と**「行動」**です。
　　　　　　　　　　　　　　　　　　　　　　　　　　　　　　　　　【解答】②

5-2
ソーシャルサポート

メンタルヘルス不調を予防したり、ストレスに適切に対処するためには、自分ひとりの力だけではなく、周囲のサポートが必要になります。自分ひとりでがまんしようとしてしまう人より、上手に周囲にサポートを求められる人のほうがストレス耐性は高いのです。

① 4つのソーシャルサポート　　重要度 🐾🐾🐾

ソーシャルサポート（社会的支援）とは、配偶者、家族、友人、医師・看護師、職場の上司、同僚など、周囲からのサポートをいいます。NIOSHの職業性ストレスモデル（p.17）について学びましたが、ストレッサーを和らげる緩衝要因がまさにソーシャルサポートといえるでしょう。ソーシャルサポートには、次の4つのタイプがあります。

◀ 表1　ソーシャルサポートとその例 ▶

サポートの種類	具体例
情緒的サポート	共感したり、慰める、励ますといった受容的な態度により、気持ちを落ち着かせるようなサポート
情報的サポート	問題解決に役立つ情報を提供するサポート
道具的サポート	実際に仕事を手伝う、金銭的に援助をする、仕事を効率化するために機械や人を増やすなど、問題解決に直接的に関わるサポート
評価的サポート	適切に人事評価を行ったり、仕事ぶりを褒めたりして、自信をつけさせ、やる気を出させるようなサポート

また、上記の4つのサポートのように家族や友人、職場における上司や同僚、産業保健スタッフやカウンセラーなどの専門家など、人間関係を通じてのサポートをまとめて、**人的サポート源**といいます。

ストレスチェック制度で使用が推奨されている**職業性ストレス簡易調査票**でも、ソーシャルサポートとして**上司の支援、同僚の支援、家族・友人からの支援**がストレスを低減する要素として尺度の中に入っています。

一方、会社などの組織に所属すること、給料、国家や公的機関など、生活の助けになる資源や生活地域や家庭の存在など、自分が活躍できる場所のことを**物的サポート源**といいます。

② ソーシャルサポートの自己点検　　重要度 🐾🐾

　自分がどの程度のソーシャルサポートを得ているのか確認するために、**ソーシャルサポート・ネットワーク**が役立ちます。この円形の中に書き込むことで、意外なサポート源に気が付いたり、もっと近くに位置してほしい人にさらなるコミュニケーションを試みたりすることができます。

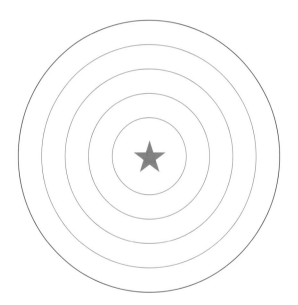

　下の円を、あなたが普段生活している世界と想像して下さい。
　円の中心の★印はあなた自身です。あなたの周りに、あなたを支えてくれそうな人を○印で書き込みましょう。そしてあなたとの関係を父、母、妻、夫、兄1、兄2、姉1、姉2などのように書き込みます。上司や友達の場合はイニシャルと性別を、男 T.O のように書いて下さい。

1　あなたはこの人たちとの関係に満足していますか？
　　　人数　（十分　まあまあ　不十分）
　　　満足度（満足　やや満足　やや満足していない　満足していない）
2　家族やその他の人たちなどで、この中に入れたい人は誰ですか？

◀ 図1　ソーシャルサポート・ネットワーク ▶

出典：ストレスマネジメント教育実践研究会 編『ストレスマネジメント・ワークブック』
　　　東山書房、2002 年

　ソーシャルサポートを充実させるためには、人的サポート源を整えるという意味で、普段から相談できる相手をつくっておくことが重要です。そのために、家族・友人や職場の同僚、上司とよい関係を築いておきたいですね。

　また、**自分の個人的特性を整える**ことも必要です。人によっては、人見知りが激しかったり、自分の心の内や悩みを他人に打ち明けることが苦手な人もいるでしょう。しかし、いざというときに孤立せず、助けてもらうためには、自分から歩み寄る姿勢は大切です。そのための心構えを以下に整理します。

◀ ソーシャルサポートを得るための心構え ▶

① サポートは"ギブ＆テイク"。サポートをしてほしかったら、**自分も相手のサポート源になる**

② 情緒的サポート、情報的サポート、道具的サポート、評価的サポートそれぞれの源を人物別に区別しておき、**状況に合わせて助けを求められるようにしておく**。もちろん、一人の人物が複数のサポート源になることもある

③ **まず自分からアプローチする**。普段から挨拶をする、相手が困っているときにはこちらから助けるなど

④ 打ち解けにくい人には、急に距離を縮めるのではなく、共通の話題を探したり、相手の利益になる情報を提供したり、**少しずつ理解しあう**

⑤ 他者に頼り切りにならない。**自分の能力で問題解決に向けた努力は怠らない**。そのうえで、適切にソーシャルサポートを活用する

◀ ソーシャルサポートの乏しさを示す社会的孤立のサイン ▶

・ときどき世界でひとりぼっちの感じがする

・望むほどには、友人に招かれて外出することがない

・よく孤独感を感じる

・頼れる友人を見つけることは困難だ

・親しくしていても、なかなか友人にはなれない

・今の生活で、友好的な雰囲気を楽しめる機会はない

・他の人を頼りにできるほどのつながりはない

・人は親切で援助的だとは思えない

・友人を訪ねることにためらいがある

出典：Greenberg, J. S. "Comprehensive stress management", Dubaque, IA: Brown & Benchmark,1993 一部改変

過去問題・予想問題を解いてみよう!!

問題 1 ソーシャルサポート（社会的支援）　　　　　　**予想問題**

ソーシャルサポートに関する次の記述のうち、最も適切なものを1つだけ選べ。

① 課題解決に役立つような情報を提供してくれることを「情緒的サポート」という。

② ソーシャルサポート・ネットワークを作成してみることで、自分の周りのサポート源を自己点検することができ、各サポート源との距離感や数を視覚的に把握できる。

③ 人的なサポート源を得るためには、少し苦手だと感じる相手でも敬遠することなく、無理にでも打ち解けようとすることが大切である。

④ 「情緒的サポート」「情報的サポート」「道具的サポート」「評価的サポート」の4種のソーシャルサポートは、それぞれ別の人から受けようとすると、何でも人に頼るという評判が立ちかねないため、直属の上司など、できるだけ1人の人から受けるようにするとよい。

解説　①設問の内容は、**情報的サポート**です。なお、「情緒的サポート」とは、受容や励ましによって気持ちをサポートしてくれることです。

③苦手だと思う相手には**無理に打ち解けようとせず**、共通の話題や相手の利益になることを考えて、こちらから少しずつ情報を提供することから始めるとよいでしょう。

④4種のサポートは、親、友人、同僚、上司、産業保健スタッフなど、それぞれの**サポート源を区別して持っておく**とよいでしょう。もちろん、1人で複数のサポート源になってくれる人は貴重ですが、無理に人を限定することはありません。　　　　　　【解答】②

問題2 ソーシャルサポート　　　　　　　　　24回第5問[5]

　ソーシャルサポートに関する次の A〜D の記述のうち、正しいもの（○）と誤っているもの（×）の組合せとして、最も適切なものを 1 つだけ選べ。

A.「労働者健康状況調査」（厚生労働省、2018 年）によると、仕事に従事している人たちは、「家族や友人」よりも「上司・同僚」を相談できる相手と考えている。

B.「労働者健康状況調査」（厚生労働省、2018 年）によると、「家族や友人」あるいは「上司・同僚」を相談できる相手であると考えている人たちは、それぞれ70％ を超えている。

C. 困ったときに頼れる身近な人たちは、社会のなかで支援を与えてくれるという意味でソーシャルサポートと呼ばれている。

D. 会社からのさまざまな福利厚生的な援助は、ソーシャルサポートには該当しない。

① (A) ×　　(B) ○　　(C) ○　　(D) ×
② (A) ○　　(B) ×　　(C) ×　　(D) ○
③ (A) ×　　(B) ○　　(C) ×　　(D) ○
④ (A) ○　　(B) ×　　(C) ○　　(D) ×

解説 A 相談できる相手としては、「家族・友人」のほうが回答割合が高いです。
D 会社からの福利厚生的な援助も、ソーシャルサポートの該当します。　　【解答】①

問題3 ソーシャルサポート　　　　　　　　　25回第5問[7]

　ソーシャルサポートの自己点検に関する次の記述のうち、最も不適切なものを 1 つだけ選べ。

① 単にサポート源を思い出してみるだけでは、ソーシャルサポートの有効性を理解することは困難であることが多い。

② 社会的孤立のサインに多くあてはまるほど、ソーシャルサポートが乏しいといえる。

③「ソーシャルサポート・ネットワーク」というツールを用いて、円の中心にいる自分からみて、交流をもつ人がどのくらい近いかを知ることで、自分にとって重要なソーシャルサポート源になっていることを確認することができる。

④「ソーシャルサポート・ネットワーク」というツールでは、今後加えたいサポートについては検討することができない。

解説 ④ 円の中に入れたい人を考えることで、今後加えたいサポートについて検討することもできます。　　【解答】④

問題 4 ソーシャルサポート　　　　　　　　　　27回第5問［3］

　ソーシャルサポートの充実に関する次の記述のうち、最も**不適切**なものを1つだけ選べ。

① ソーシャルサポートを充実させるためには、「人的環境面を整えること」「個人的特性を整えること」の2つのアプローチがある。

② サポートはギブ・アンド・テイクであり、相手からサポートを得るためには、時には自分も相手のサポート源になる必要がある。

③ ソーシャルサポートの充実を阻害する考えとして「人の助けを求めることは恥だ」が挙げられるが、「自分はサポートされる立場でよい」はあてはまらない。

④ 他者と打ち解けにくいと感じる人は、無理に打ち解けようとする必要はない。

解説　③「自分はサポートされる立場でよい」というのは受け身であり、自らも相手のサポート源になろうという相互支援の態度がないと、ソーシャルサポートは充実しません。
　　　　　　　　　　　　　　　　　　　　　　　　　　　　　　　【解答】③

問題 5 道具的サポート　　　　　　　　　　24回第5問［8］

　道具的サポートに関する次の記述のうち、最も適切なものを1つだけ選べ。

① 友人が、失恋で傷ついた気持ちを受けとめて励ましてくれた。

② 企画書を作成していたところ、先輩が最新の市場動向についての情報を提供してくれた。

③ 後輩が、資料のファイリングを手伝ってくれた。

④ 厳しかった父が、部活動の大会で優勝したことを認めてくれた。

解説　①記載の内容は「**情緒的サポート**」です。
② 記載の内容は「**情報的サポート**」です。
④ 記載の内容は「**評価的サポート**」です。　　　　　　　　　　　【解答】③

5-3 ストレスコーピング

ストレス反応の発生を抑えたり、ストレス反応を軽減するストレス対処行動のことを**コーピング**といいます。使えるコーピングが多ければ多いほど、ストレスを克服する力になります。

 ① コーピングの種類 重要度 🐾🐾🐾🐾🐾

コーピングには大きく分けて**情動焦点型**と**問題焦点型**の２つのタイプがあります。いつも同じコーピングを選ぶのではなく、状況に応じてさまざまなコーピングを使い分けるとよいでしょう。

◀表1　コーピングの概要▶

型	対応の方針	例
情動焦点型コーピング	感情を調整する（気分転換や気晴らしをする）	・お酒を飲んでうさ晴らしをする ・ウォーキングやサイクリングなどの有酸素運動を行う ・リラクセーションをとり入れる（瞑想など）
問題焦点型コーピング	問題解決に向けて問題を整理し、計画的に対処する	・嫌な仕事は早く片付ける ・ミスをしたら、原因を分析し、再発を防止する
	ものの見方を修正する（思い込みなどを修正して、物事の受け止め方を合理的に変える）	・現実にそぐわない期待をしないように努める ・物事の良い面を考える
	サポートを求める（人に相談し、問題解決のための理解や協力を得る）	・仕事の問題を上司に相談する ・体が不調ぎみなので、産業医に相談する

お酒を飲むこと自体は悪いことではありませんが、アルコール依存症にならないよう、飲む量や頻度など"程度"に気をつける必要があります。継続的に多飲するのはよくありません。

❷ 段階に応じたコーピング

ストレスの段階に応じて、効果的なコーピングを選択しましょう。

◀ 表2　段階に応じたコーピング ▶

段階	対応するコーピング	例
① ストレッサーとなる刺激が発生している段階	・刺激の発生自体を阻止するような行動をとる	・嫌いな人にはなるべく近づかない、疲れている日には残業をしないなど
② ストレッサーを「嫌だな」と認知している段階（認知的評価段階）	・受け取り方やものの見方を変える、広げてみる	・上司に叱られたとき、「ああ、こんなことで注意されるなんて、自分はやっぱり仕事ができないダメ人間だ」と受け取っていた認知を、「叱られたことで、1つ成長できた」というように、違う側面から捉えてみるなど
③ 情動的な興奮が起きている段階（イライラ、怒り、不安、焦りなどの精神的な反応が発生している段階）	・感情を鎮めるようなリラクセーションを行う	・気持ちが落ち着くような音楽、アロマテラピー、呼吸法などのほか、特別なことをしなくても少し休憩を入れるだけでもよい ・趣味に没頭するなども効果的
④ 身体的な興奮が起きている段階（心拍数上昇、血圧上昇、筋肉の緊張などの身体的な反応が発生している段階）	・身体の興奮を鎮めるようなリラクセーションを行う ・ストレスホルモン（コルチゾール）を消費する有酸素運動を行う	・ウォーキングや水泳など

段階と対応するコーピングの組み合わせを問う問題に対応できるようにしましょう。

過去問題・予想問題を解いてみよう!!

問題1 コーピング　　　　　　　　　　　　　　　　　　　　　**予想問題**

　コーピングに関する次の記述のうち、「情動焦点型コーピング」にあたる最も適切なものを1つだけ選べ。

① 物事のよい側面を考えるようにする。

② ウォーキングやヨガなどの有酸素運動を行う。

③ 気の進まない仕事をあえて早めに片づけるようにする。

④ 自信をもつようにする。

解説　①、③、④は、問題焦点型コーピングです。　　　　　　　　　【解答】②

問題2 コーピング　　　　　　　　　　　　　　　　　　**24回第5問[9]**

　コーピングに関する次の記述のうち、最も適切なものを1つだけ選べ。

① お酒の力でミスを忘れてイライラを解消させるというコーピングは、成人にしかできない上質のコーピングである。

② 食事や睡眠に気をつけるといった生活習慣の維持管理も、コーピングに含まれる。

③ あらゆるストレス要因に対して、情動焦点型コーピングよりも問題焦点型コーピングの方が有効である。

④ 瞑想は、問題焦点型のコーピングである。

解説　① お酒による気晴らしは情動焦点型のコーピングではありますが、あまり継続してしまうと**アルコール依存症となるリスク**もありますので、**上質なコーピングとまでは**いえません。

③ あらゆるストレス要因に対して、というのは正しくありません。**変えることのできないストレス要因に対しては、情動焦点型のコーピングのほうが適している**こともあります。

④ 瞑想は**情動焦点型のコーピング**です。　　　　　　　　　　　　　【解答】②

問題 3 コーピング 　　　　　　　　　　　　　　　　24回第5問[10]

　コーピングのバリエーションに関する次の A〜D の記述のうち、正しいもの（○）と誤っているもの（×）の組合せとして、最も適切なものを 1 つだけ選べ。

A. ストレス要因に対するコーピングとして、選択肢が複数持てるように考えの幅を広げていくことが有効である。

B. どうしてもストレス要因が取り除けないということが分かっている場合には、「しばらく我慢する」という判断もときには必要である。

C. ストレス反応に対するコーピングとして、運動（身体活動）も有効である。

D. 副腎皮質ホルモンであるセロトニンは、筋肉の緊張を促すために交感神経系の興奮を生じさせる役割を担い、精神を安定させる効果があるとされているコルチゾールの分泌にもネガティブな影響を与えることがある。

① （A）× （B）× （C）○ （D）○
② （A）× （B）○ （C）○ （D）○
③ （A）○ （B）× （C）× （D）×
④ （A）○ （B）○ （C）○ （D）×

解説 D 副腎皮質ホルモンである**コルチゾール**は、筋肉の緊張を促すために交感神経系の興奮を生じさせる役割を担い、精神を安定させる効果があるとされている**セロトニン**の分泌にもネガティブな影響を与えることがある。　　　　　　　　【解答】④

問題 4 ストレスとケア 　　　　　　　　　　　　　　　　予想問題

　ストレスに関する次の記述のうち、最も**不適切な**ものを 1 つだけ選べ。

① 職場のストレスにおいては仕事の量や質などにおいて要求される度合いが大きく、自分の意見を反映できる、計画が自分で立てられる、裁量があるなどのコントロール感があり、上司や同僚の支援といったソーシャルサポートが多い場合に、ストレスからのリスクは低くなると考えられている。

② ある出来事がどの程度のストレス要因になるかどうかは、本人の職種や労働環境、また「その出来事をどう認知するか」という受け止め方によって変わる。

③ ストレス要因から遠ざかろうとしたり、お酒を飲んで気晴らしをするなど、ネガティブな情動そのものを軽減しようとする行動を「情動焦点型コーピング」という。

④「部下が減った」という出来事は管理職にとっては管理負担が減るという側面もあるが、業務負荷が増えることもあるので、厚生労働省「業務による心理的負荷評価表」の心理的負荷の強度「Ⅰ」の出来事として挙げられている。

解説 ① 仕事の量や質などにおいて**要求される度合いが小さいとき**に、**ストレスからのリスクは低く**なります。　　　　　　　　【解答】①

5-4
周囲とのコミュニケーション

ストレスを過剰に溜めないためには、日頃から、周囲の人々と良い人間関係を築いておくことがとても大切です。そのために必要となるのがコミュニケーションスキルです。

コミュニケーションには、言語的なものと非言語的なもの（表情、声の調子、仕草、態度など）があります。心理学者のメラビアン（Mehrabian）によると、日常のコミュニケーションの実に**93%は非言語的コミュニケーション**で占められており、**言葉によるコミュニケーションは7%**に過ぎないといいます。電子メールのやりとりだけでは険悪になりがちでも、顔を合わせて笑顔を見せるだけで、すんなり話が通ったりしますよね。

また、コミュニケーションは何も他人とばかりするものではありません。自分自身の中で内省したり、自分のものの捉え方を見つめ直したりする**「内的なコミュニケーション」**もあります。後述するカウンセリングは、この内省的思考を深める助けになります。

① 傾 聴　　　　　　　　重要度 🐾🐾🐾🐾🐾

コミュニケーションにおいて最も大切なことは、相手の話をきちんと聴く能力といえるでしょう。心理学者のロジャーズ（Rogers）は、建設的な人間関係をつくる条件は、一定期間継続することではじめて効果が得られ、相手の話を傾聴する態度としては、以下が大切だとしました。

① 相手の話に「共感」すること

相手の立場にたって、相手が感じている気持ちを自分も感じるように聴く態度です。

② 相手の話に「無条件の肯定的関心」を示すこと

話の内容そのものについて、批判したり解釈したりしません。そのとき、相手がどのように感じたのか、どうしてそう感じたのか、という**相手の気持ちを無条件に受け入れます**。

【例】「思わず上司にくってかかったということですが、そうしてしまうくらい、怒りを感じたのですね」

③ 聴き手が「自分に正直である」こと

　話を聞きながら**感じたことを素直に相手に返したり、わからないことは質問**したりして、聴くほうも自分に正直でいないと、表面上聴いているように見えても、偽りの関係になってしまいます。

【例】「今のお話の○○の部分がまだよく理解できていないので、○○について、もう少し具体的にお話いただけますか？」

2　アサーション　　重要度 🐾🐾🐾

　自分の意見を相手に伝える、主張することはコミュニケーションにおいて大切ですが、主張の仕方には3つのタイプがあります。

◀コミュニケーションタイプ▶

① **攻撃的なタイプ**
　自分の主張の正しさだけを考え、相手をねじふせようとする。

② **非主張的なタイプ**
　自分の気持ちは後回しにし、他人ばかりを優先してしまう。

③ **アサーティブなタイプ**
　自分の意見も他人の意見も尊重し、お互いにとって最も良い妥協点を見つけようとするタイプ

　アサーションとは、直訳すると「主張・断言」という意味ですが、コミュニケーションスキルの1つとして、**「相手のことも自分のことも尊重する自己表現」**という意味で使われています。アサーティブなタイプでいるために、相手の意見にしっかりと耳を傾け、冷静に判断し、自分の意見もきちんと主張して、自分の発言に責任を持ちながらコミュニケーションをとっていきます。

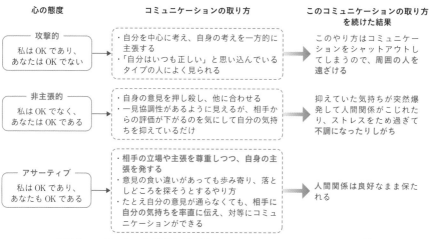

◀ 図1　アサーション理論における3つのコミュニケーションタイプ ▶

図1の3タイプの自己表現がそれぞれどんな人物像か、イメージできるようにしておいてください。

❸　カウンセリング　　　　重要度 🐾🐾🐾🐾🐾

　日本では、「カウンセリングはメンタルヘルス不調者が受けるもの」という認識がいまだに強く、心理的な抵抗感がある人が少なくありません。しかし、ストレスがかかっているとき、早めにカウンセリングを受けることで、**メンタルヘルス不調を予防する**ことができるのです。カウンセリングを継続することで**自己の内省が深まり、成長・発達にもつながります。**

　カウンセリングの効果を以下に挙げてみましょう。

◀ カウンセリングの効果 ▶

① 話をじっくり聞いてもらえることで気持ちが晴れる

② 孤独や不安感から救われる

③ 話すことによって気づきが得られ、自己理解が進む

④ 考え方、ものの受け止め方が広がる

⑤ 呼吸法や自律訓練法の指導を受けたり、必要に応じて心理療法も受けられる

⑥ 公認心理師や臨床心理士など、専門家からアドバイスがもらえる

また、カウンセリングには表1のような種類があります。

◀表1 カウンセリングの種類▶

種 類	概 要
対面カウンセリング	・専用ルームでカウンセラーと直接対面で話す ・1回50分程度 ・医師が精神療法の一環として行う場合は健康保険が適用される
電話カウンセリング	・電話によるカウンセリング ・最初は知らない人に電話をする不安があるが、慣れると電話特有の親密感が生まれ、話しやすくなる
メールカウンセリング	・電子メールのやりとりによるカウンセリング ・文章を打ちながら考えや気持ちを整理することができる ・相談内容をじっくり考えることができる ・カウンセラーからの回答に時間がかかる、文章のやりとりなので上手く気持ちが伝わらないことがあるというデメリットもある
オンラインカウンセリング	・Zoom などのアプリケーションを使った遠隔カウンセリング ・移動しないで済むので、利用しやすい ・セキュリティの問題や情報機器に慣れていない人には使いづらい ・回線不具合で中断するリスクがある

市中のカウンセリング機関では、誰にも知られずに安心してカウンセリングが受けられるというメリットがありますが、一方でカウンセラーの質、レベルがまちまちであるというデメリットもあります。

事業場内に、普段から相談できる産業保健スタッフがいるのであれば、会社の状況も理解したうえで話を聴いてくれるため、まずはその人に相談すると良いでしょう。会社が EAP（Employee Assistance Program：従業員支援プログラム）と契約している場合は、担当カウンセラーが業務や組織風土、人事制度などを知ったうえでカウンセリングを行ってくれるので、積極的に利用しましょう。

また、カウンセラーとの相性という問題もあるため、相性が合わないと感じたら無理に継続せず、しっくりくるカウンセラーに代えたほうが効果的です。

《表2　早期のストレスのサイン》

心・体	サインの内容
感情面	緊張、不安、イライラ、焦燥感、気分が沈みがち 以前、楽しめていたことが楽しめない
思考面	集中力の低下、決断できない、頭の回転が落ちる ミスが多くなる、自分を責める
意欲	やる気がしない、何をするにもおっくう
心身の状態	よく眠れない（寝付きが悪い、浅眠、早朝覚醒） 倦怠感、頭が重い 食欲が落ちた（おいしくない．砂を噛むようだ）

出典：大阪商工会議所 編『メンタルヘルス・マネジメント®検定試験
公式テキスト（第5版）〔III種セルフケアコース〕』、中央経済社、
2021年

　上記のようなサインを自覚したら、自発的に、早めに身近な人や専門家に相談しましょう。

④ 同僚のケア　　　　　重要度 🐾🐾🐾🐾🐾

　職場においては、自分自身のセルフケアだけでなく、同僚のケアにも気を配れると良いでしょう。お互いの心身の健康を気遣い合えるような職場は、ストレスが少なく、もしメンバーの誰かがメンタルヘルス不調になりかけても、早期に発見することができます。また、休職者が職場復帰する際も、**同僚のサポートがあれば、再発を防ぐ効果もあります**。お互いに「仲間を守る」という意識でいれるといいですね。

　同僚に、「作業効率が落ちている」「ミスが増えている」といった**仕事上の変化**や、「笑顔や口数が減る」「精神的に不安定になる」「付き合いが悪くなる」といった**態度上の変化**が見られたら、メンタルヘルス不調のサインとして、声がけをしてみましょう。

《メンタルヘルス不調になりやすい時期》

・長時間残業が続いているとき
・就職後1年以内（特に1〜6か月）
・昇進・配置転換・出向後1〜12か月（多くは3〜6か月後）
・仕事内容や責任の変化後1〜12か月（多くは3〜6か月後）
・結婚、出産、引越、単身赴任などの変化後1〜12か月（多くは3〜6か月後）

---

1 同僚への声掛けの仕方

　まずは、**傾聴**の姿勢で聞き役になってあげることが、相手にとって気持ちの支えになると思います。「大丈夫だから」となかなか話をしてくれないこともあるかもしれませんが、そのようなときは、**1〜2週間ほど様子を見て**、やはり不調のサインが続くようであれば、上司に客観的な事実をもとに、心配な状況を伝えます。

2 傾聴してみて「危ない！」と感じたら

　また、**話を聴いたうえで**、「専門的なサポートや業務上の配慮が必要な状態なのではないか」と感じたら、**上司や産業医に相談する**ことを勧めてください。本人がそれを拒否する場合にも、それで終わりにせず、一緒に相談することを提案したり、本人の同意をとったうえで、代理で相談することを検討します。

　もし、**本人の同意がとれない場合**でも、「ここ2週間で3日も休んでいるので心配だ」「先日、Aさんらしくもない、こんなミスが起きた」など、**客観的な事実であれば、上司に伝えてもかまいません**。もし、外部EAP機関などの相談窓口がある場合には、そちらを勧めることも選択肢の1つです。

　なお、「死んでしまったほうが楽かもしれない」という発言をするなど、**自傷他害のリスクがある場合**には、**本人同意の有無に関わらず、すぐさま上司や産業保健スタッフに相談してください**。

過去問題・予想問題を解いてみよう!!

問題1 コミュニケーションなど 予想問題

コミュニケーションやカウンセリングに関する次の記述のうち、最も不適切なものを1つだけ選べ。

① アメリカの心理学者 Rogers（ロジャーズ）は、建設的な人間関係を作る3つの条件として、「無条件の肯定的関心」「共感」「自分に正直であること」を挙げている。

② メラビアンの研究によると、言語的なコミュニケーションは日常のコミュニケーションの7％しか占めていない。

③ アサーティブな関係を維持するためのスキルとして、「私は怒っています」など、感情を言葉にするということがある。

④ オンラインカウンセリングは、移動しなくてよいので利用しやすく、対面カウンセリングとまったく同様の効果が得られる。

解説　④ オンラインカウンセリングは、機器の操作に不慣れな人がいたり、対面に比べると微妙な顔色の変化などは読み取りにくいと考えられます。　　　　【解答】④

問題2 コミュニケーション 27回第6問[4]

コミュニケーションに関する次のA～Dの記述のうち、正しいもの（○）と誤っているもの（×）の組合せとして、最も適切なものを1つだけ選べ。

A. アメリカの心理学者の Rogers は、カウンセリングの研究の中で、建設的な人間関係をつくるには3つの条件があり、その条件はカウンセリングの時間内だけに限定して満たされればよく、一定期間継続する必要はないとした。

B. 建設的な人間関係に必要な条件の1つとして、聴き手は「自分に正直である」ことがある。

C. 周囲の人と良い人間関係を持つ方法として、自分のことも相手のことも考える関係（アサーティブ）がある。

D. アサーティブな関係を維持するためには、非言語コミュニケーションは必要ない。

①	(A)	×	(B)	○	(C)	○	(D)	×
②	(A)	○	(B)	×	(C)	×	(D)	○
③	(A)	×	(B)	×	(C)	○	(D)	×
④	(A)	○	(B)	×	(C)	○	(D)	×

解説　A ロジャーズは、建設的な人間関係をつくる条件は、**一定期間継続することで初めて効果が得られる**としています。

D 非言語コミュニケーションは、メラビアンによるとコミュニケーションの93％を占めていることから、**アサーティブな関係を維持するためにも重要な要素**といえます。　【解答】①

問題3　カウンセリング　　　　26回第6問[1]

　カウンセリングに関する次の記述のうち、最も不適切なものを1つだけ選べ。

① 國分康孝は「カウンセリングとは、言語的及び非言語的コミュニケーションを通して行動の変容を試みる人間関係である」と定義している。

② 電話によるカウンセリングでは、直接会ってコミュニュケーションをとるわけではないので、回を重ねても距離感があり親密感が生まれない。

③ カウンセリングは、心の深い問題を話したり、非常に私的な相談をすることがあるため、カウンセラーとの相性（関係）が重要である。

④ 事業場内に産業保健スタッフがいる場合は、カウンセリングに対応してもらえたり、事業場外の信頼できる専門機関を紹介してもらえる。

解説　② 電話カウンセリングは回を重ねると、独特の親密感が生まれます。　　**【解答】**②

問題4　アサーション　　　　26回第6問[5]

　アサーティブな関係を維持するためのスキルに関する次のA～Dの記述のうち、正しいものの組合せを1つだけ選べ。

A. 言葉以外のしぐさ、表情も理解する。

B. 感情を相手にぶつけるのではなく、「私は怒っています」と表現する。

C. 相手のことを自分の立場で理解しようとする。

D. 自分の気持ちや考えを抑える。

① 　AとB

② 　BとC

③ 　AとD

④ 　CとD

解説　C記載の内容は、自分中心なので、**攻撃的なタイプ**といえます。
D記載の内容は、自分の気持ちや考えを後回しにしてしまうので、**非主張的なタイプ**といえます。　　　　　　　　　　　　　　　　　　　　　　　　　**【解答】**①

問題 5 同僚のケア　　　　　　　　　　　　　　　　　　　【予想問題】

同僚のケアに関する次の記述のうち、最も適切なものを 1 つだけ選べ。

① 同僚のメンタルヘルス不調への気づきとして、「作業効率が落ちている」「ミスが増えている」といった「態度上の変化」に注意する。

② メンタルヘルス不調のサインが見られる同僚と話をして、上司や産業医のサポートが必要だと感じたが、本人が「絶対に誰にも言わないでくれ」と言ったので、守秘義務があると思い、自分だけで見守ることとした。

③ 最近元気のない同僚が「話を聴いてくれ」と言ってきたため、傾聴の姿勢で聞き役となった。

④ 最近元気のない同僚に声をかけたが、「大丈夫、少し疲れているだけだから」と、特に何も話してくれなかったので、プライバシーを侵害してはいけないと思い、それ以上関わるのはやめておいた。

解説　①「作業効率が落ちている」「ミスが増えている」といった内容は「仕事上の変化」にあたります。

② 自分だけで見守った結果、症状が重篤化してしまうリスクがあるため、**本人が言わなくてもわかる客観的な事実**（勤怠不良や仕事上のミスなど）を上司に伝えて相談すべきです。

④ 関わるのをやめてしまった結果、症状が重篤化してしまうリスクがあるため、設問②と同様に上司に相談すべきです。　　　　　　　　　　　　　　　　　　【解答】③

問題 6 同僚のケア　　　　　　　　　　　　　　　　　　【25回第6問[3]】

同僚のケアに関する次の記述のうち、最も不適切なものを 1 つだけ選べ。

① 同僚に対して、ふだんからサポートすることで、同僚のメンタルヘルス不調を未然に防いだり、円滑な人間関係が維持される働きやすい職場風土が形成される。

② 同僚がメンタルヘルス不調になった際、仕事上のサインとしては「細かいことにこだわる」など、態度上のサインとしては「笑顔や口数が減る」などの変化がある。

③ 同僚がメンタルヘルス不調のために治療を受けながら仕事を継続していたり、いったん休職してその後に職場復帰をする場合は、病状によってサポートの方法が異なるため、職場でのサポートは管理監督者のみに任せたほうがよい。

④ 新入社員がメンタルヘルス不調になりやすい時期は、就職後 1 年以内であり、特に 1～6 か月は注意が必要である。

解説　③ 同僚として仕事のフォローをしたり、話を聴いてあげたりするサポートは有効です。　　　　　　　　　　　　　　　　　　　　　　　【解答】③

問題7 セルフケア　　　　　　　　　　　　　　　　　　　　**27回第6問[2]**

　ストレスに対するセルフケアに関する次の記述のうち、最も**不適切なもの**を1つだけ選べ。

① 感情面の早期のストレスサインとしては、緊張、不安、イライラ、焦燥感などがある。

② 思考面の早期のストレスサインとしては、やる気がしない、何をするにもおっくうなどがある。

③ 心身の状態の早期のストレスサインとしては、よく眠れない、倦怠感、頭が重いなどがある。

④ 自分自身の心の健康状態に関心を持ち、ストレスに早めに気付いて対応することが必要である。

解説　②記載の内容は、思考面のストレスサインではなく、**意欲面のストレスサイン**といえます。　　　　　　　　　　　　　　　　　　　　　　　　**【解答】**②

6章

社内外資源の活用

全出題問題 50 問中、「6章 社内外資源の活用」からは、**7 問出題**されています。
専門的な内容が多いですが、細かいところまで問われることがありますので、表
の中までしっかり覚えましょう。

出題傾向分析

重要度	重要な内容
🐾🐾🐾	• 治療の実際
🐾🐾	• 相談できるスタッフ
	• 相談できる公共機関
	• 相談できる組織・機関
	• 医療機関や診療科の種類
🐾	• 休職
	• 復職

🐾🐾🐾：よく出題される　　🐾🐾：比較的よく出題される　　🐾：出題されることがある

6-1 活用できる社内外の資源

　ストレスに上手く対処していくために、使える資源を知り、上手に活用していきましょう。相談できるスタッフ、機関、組織などを紹介していきます。

① 相談できるスタッフ　重要度 🐾🐾🐾

1 産業医

　企業の産業保健活動において、産業医は要ともいっていい存在です。産業医は、企業が労働者に対して負っている**健康配慮義務、安全配慮義務**を果たせるよう、医療の専門家として企業側に助言する立場にいます。**50 人以上の事業場には産業医の選任義務があり、1,000 人以上の事業場（有害作業のある事業場は 500 人以上）**には、**専属の産業医**を置くことになっています。

（a）産業医職務（安衛法施行規則 14 条 1 項）

　産業医は、次の事項について、医学に関する専門的知識を必要とするものとされています。

◀産業医に必要とされる医学の専門的知識▶

① 健康診断や面接指導などの実施と、これらの結果に基づく
　労働者の健康を保持するための措置に関すること
② 作業環境の維持管理に関すること
③ 作業の管理に関すること
④ ③に掲げるもののほか、労働者の健康管理に関すること
⑤ 健康教育、健康相談その他労働者の健康の保持増進を図るための措置
　に関すること
⑥ 衛生教育に関すること
⑦ 労働者の健康障害の原因の調査と再発防止のための措置に関すること

（b）産業医の勧告権（安衛法 13 条 3 項、4 項）

　産業医は、労働者の健康を確保するため必要があると認めるときは、事業者に対し、労働者の健康管理などについて必要な勧告をすることができます。

（c）産業医の定期巡視（安衛法施行規則 15 条）

　産業医は、少なくとも**毎月 1 回（所定の情報提供がある場合は 2 か月に 1 回以上で可）作業場などを巡視**し、作業方法または衛生状態に有害のおそれが

あるときは、直ちに、労働者の健康障害を防止するため必要な措置を講じなければなりません。

（d）メンタルヘルス対策における主な役割

産業医の役割には次の①〜⑨のようなものがあります。

◀産業医の役割▶

① 労働者の病態のアセスメント（判断）

② 休職者の復職可否に関してアセスメント（判断）をし、意見を会社へ出す

③ ストレスチェック制度に基づく高ストレス者の面接指導・実施者の業務・集団分析結果を利用した職場環境改善の提案

④ 就業上の配慮に関しての意見を会社へ出す

⑤ 社内関連部署や管理監督者との連携

⑥ 主治医との情報交換

⑦ メンタルヘルス対策の企画や教育

⑧ 個人情報の保護と一元管理

⑨ 長時間労働者との面談

産業医は、医師であっても主治医とは違い、「診療」や「治療」はしないので、注意してください。産業医の役割は出題されやすいので、要チェックです。

② 保健師・看護師

法律的な選任義務があるわけではないので、すべての企業に保健師・看護師がいるわけではありませんが、大手企業などでは、産業医の指示命令のもとに動く産業保健スタッフとして、保健師や看護師を雇用していることがあります。産業医が面談する前の一次窓口として労働者の相談対応をしたり、心身の不調がみられる場合にはその内容を産業医に報告して産業医面談につなげることは保健師・看護師の重要な役割です。

◆ 保健師・看護師の主な職務と役割 ◆

① 一般的な職務
・保健指導、健康相談対応、健康教育などによる疾病予防
② メンタルヘルス対策における主な役割
・メンタルヘルス不調者の早期発見、フォローアップ、相談窓口
・産業医との連携、報告
・人事労務スタッフ、管理監督者との連携
・メンタルヘルス対策の企画、教育
・ストレスチェック制度に基づく実施者の業務

❸ 衛生管理者・衛生推進者

　従業員 50 人以上の事業場には、労働安全衛生法に規定された、労働条件、労働環境の衛生的改善と疾病の予防・処置などを担当し、事業場の衛生全般を管理する**衛生管理者の選任義務**があります。

　メンタルヘルス分野では、不調者を保健師や産業医との面談につなげたり、人事労務スタッフに連携をする役割を担っています。衛生管理者は、労働安全衛生法に定められている次の法令業務のうち、衛生のために必要な技術的事項の管理や、労働衛生管理体制を整える役割も担います。また、少なくとも**毎週 1 回は事業場などを巡視**し、設備、作業方法または衛生状態に有害のおそれがあるときは、直ちに、労働者の健康障害を防止するため必要な措置を講じなければなりません。

◆ 法令業務 ◆

① 労働者の危険または健康障害を防止する措置
② 労働者の安全衛生のための教育の実施
③ 健康診断の実施とその他健康の保持増進のための措置
④ 労働災害の原因調査と再発防止対策に関すること
⑤ 火災・爆発などに備え、労働者の救護に関する必要な措置
⑥ 労働者の負傷・疾病それによる死亡、欠勤・異動に係る統計の作成

　従業員 50 人未満の事業場には、**衛生推進者**を決めて同じような役割を担ってもらいます。

4 心理職

心のケアの専門家としては、臨床心理士、産業カウンセラー、THP（トータル・ヘルスプロモーション・プラン）における心理相談担当者などの**心理職**がいます。しかし、**法的な選任義務はない**ので、心理職を社内に置くかどうかは企業の判断によります。役割としては、保健師の職務と重なるところが多いのですが、より心理的な側面でのサポートが期待されます。

歴史的に、カウンセリングとは、**心理測定**、**職業指導運動**、**精神衛生運動**の3つを源流としています。日本でカウンセラーというと次の資格がポピュラーです。

◀ カウンセラーの主な資格 ▶

■ **臨床心理士・公認心理師**
・臨床心理士は公益財団法人日本臨床心理士資格認定協会が認定しているカウンセラー。指定された臨床心理学系の大学院を修了しないと受験資格を得られない。
・どちらも心理療法などを用いて心の問題を取り扱う専門家。
・公認心理師法が公布されたため、2017年9月以降、国家資格としての公認心理師が誕生した。
・公認心理師は一定の研修を受けると、**ストレスチェック制度の実施者**になることができる。

■ **産業カウンセラー**
・一般社団法人日本産業カウンセラー協会が認定しているカウンセラー。産業現場や職場にかかわるカウンセリングを行う。
・キャリア開発の援助も担当する。

■ **心理相談担当者**
・厚生労働省の「THP（トータル・ヘルスプロモーション・プラン）」の中で専門研修を受けて認定された相談員。

■ **キャリアコンサルタント**
・キャリア形成を目的とした相談・コンサルティングを行う**国家資格**。

---

5 人事労務スタッフ

人事労務スタッフも、メンタルヘルス対策、産業保健活動の中では、重要な役割を負っています。人事にしかできないことも多いので、産業保健スタッフ任せにするのではなく、主体的に活動に関わっていく必要があります。

┌───┐
│ ◀ メンタルヘルス対策における人事労務スタッフの主な役割 ▶ │
│   │
│ ・勤怠管理からの不調者の早期発見（勤怠不良者の状況の確認）   │
│ ・長時間労働対策などによる労務管理   │
│ ・不調者に対する就業上の配慮（残業制限、配置転換、業務軽減など）│
│ ・産業医、保健師など産業保健スタッフとの連携   │
│ ・休職・復職に関する会社としての判断を人事責任者にしてもらう │
│ ・キャリアプランへの支援   │
│ ・モチベーション向上施策   │
│ ・適切な人事考課   │
│ ・外部 EAP（従業員支援プログラム）機関の選定、提携   │
└───┘

6 精神科医・心療内科医・精神保健指定医

精神科医、心療内科医は、精神疾患（精神科）や心身症（心療内科）の診療をする医師です。それぞれ、専門医・認定医制度を各学会が持っていますが、国が決めた規定があるわけではありません。

精神保健指定医は、精神科医の中で、**精神保健福祉法**に規定された「**措置入院**（本人の同意がない場合でも必要だと判断すれば入院させることができる）」などを実行するために必要な資格を持っている医師です。国が定めた要件を満たしている必要があります。

7 精神保健福祉士

精神保健福祉士とは、**精神保健福祉領域のソーシャルワーカー**であり、国家資格です。病院と社会の橋渡しをしたり、精神障害者の社会参加の支援、生活問題の解決の援助などを担っています。

精神保健福祉士は、病院の精神科、保健所、精神保健福祉センター、社会復帰施設、外部 EAP 機関などで仕事をしています。**ストレスチェック制度**においては、必要な研修を終了すれば、**実施者**になることができます。

② 相談できる組織・機関   重要度 🐾🐾🐾

利用できる社内外の相談機関を確認しましょう。自分にとっての相談のしやすさや目的に応じて、利用できる相談機関を積極的に活用してください。

<u>1</u> 外部 EAP 機関

　EAP とは、Employee Assistance Program（従業員支援プログラム）の略称です。一般に EAP というと、ヘルスケアサービスを企業へ提供する外部 EAP 機関を指して呼ばれることが多いですが、企業内のスタッフがこのプログラムを行う内部 EAP 機関を含めての総称です。

　EAP 機関は企業の生産性に影響を与える問題に関わります。 サービスの対象となる従業員個人が抱えるさまざまな問題に対し、解決を援助することで、**結果的に、企業の生産性向上に寄与しようとする** ものです。

　EAP 機関は、企業の現状や要望にあった継続的・システム的な支援が提供できるので、従業員に対して、より専門的で質の高い対応を行うことが可能になります。また、外部に相談窓口があれば、個人情報が保護された状態で相談ができるので、従業員は安心感をもって利用することができます。

<u>2</u> その他

（a）いのちの電話

　都道府県ごとにセンターがあり、一般社団法人日本いのちの電話連盟が運営しています。無料で電話相談、FAX 相談（一部）に応じてくれます。一部、英語など外国語でも対応してくれます。ボランティアで運営されています。

（b）働く人の悩みホットライン

　日本産業カウンセラー協会が無料で実施する電話相談です。

（c）こころの耳（メール相談・電話相談・SNS 相談）

　厚生労働省が日本産業カウンセラー協会に委託して運営している、メンタルヘルスに関わるさまざまな情報が掲載されているポータルサイト **「こころの耳」** でのメール相談や電話相談があります。

（d）インターネット上の情報

・「みんなのメンタルヘルス総合サイト」
・「こころもメンテしよう〜若者を支えるメンタルヘルスサイト〜」
・「厚生労働省自殺対策推進室　支援情報検索サイト」

相談できる公共機関　重要度 🐾🐾🐾

1 行政機関

　行政機関としては、労働基準監督署や保健所などがあり、その役割などは表1のとおりです。

◀ 表1　行政機関の概要 ▶

名　称	設　置	概　要
労働基準監督署	各都道府県内の地域ごとに設置	・こころの健康づくりやメンタルヘルス対策の基本的な情報発信・指導
労働局	都道府県単位で設置	・相談窓口
保健所	都道府県、政令指定都市、中核市などに設置	・地域住民の精神保健の相談窓口 ・訪問指導 ・適切な病院や施設、精神保健福祉センターなどへの紹介 ・医学的指導やケースワーク
保健センター	市町村単位で設置	・社会復帰支援、社会復帰相談

2 その他の公共機関

　その他の労働安全衛生・メンタルヘルス分野の公共機関については、表2にまとめます。なお、厚生労働省の「知ることからはじめようみんなのメンタルヘルス総合サイト」には、全国の相談窓口へのリンクが貼ってありますので、一度のぞいてみましょう。

◀ 表2　その他の公共機関の概要 ▶

名　称	設　置	概　要
中央労働災害防止協会	労働災害防止団体法に基づき設立	・企業の安全衛生向上、労働災害の絶滅が目的 ・THP（トータル・ヘルスプロモーション・プラン）の担当者育成など、国からさまざまな業務を委託されている ・情報提供、コンサルティング、教育研修を行う ・メンタルヘルス事業も有償で行っている 　【例】現状チェック、心の健康づくり計画支援、講師派遣、職業性ストレス簡易調査票を使用したストレスチェックなど

◀表2 その他の公共機関の概要（続き）▶

名　称	設　置	概　要
産業保健総合支援センター	(独)労働者健康安全機構が全国の都道府県に設置	・産業医、産業看護職、衛生管理者などの産業保健関係者の支援、事業主などに対し職場の健康管理への啓発を行うのが目的 ・一次予防から三次予防まで、メンタルヘルス全般に関して事業主、労働者、家族からの相談に対応 ・研修 ・情報の提供 ・広報・啓発 ・調査研究 ・地域窓口（地域産業保健センター：おおむね労働基準監督署管轄区域に設置）の運営 ・小規模事業場（主に労働者50人未満）の支援
いのち支える自殺対策推進センター	厚生労働省指定一般社団法人	・国内の自殺総合対策におけるハブ（つなぎ役） ・自殺対策に関する先進的な取組みなどの情報収集、整理、提供 ・地方公共団体に対する助言、援助 ・自殺対策に関する研修
精神保健福祉センター	精神保健福祉法に基づき、各都道府県・政令指定都市に設置 （東京に3か所、他は各1か所）	・精神保健福祉に関する総合的な技術センター ・精神保健、精神障害者の福祉に関する知識の普及、調査・研究 ・精神保健、精神障害者に関する相談・指導のうち、困難または複雑なものを取り扱う ・心の病を持つ人の自立と社会復帰を指導・援助 ・地域の保健所や関係機関の職員への研修、連携協力 ・センターによって活動内容は若干異なり、相談業務のみを実施しているところから、精神科外来診療やデイケア、メール相談を実施しているところもある
勤労者メンタルヘルスセンター	(独)労働者健康安全機構が運営する労災病院の一部に設置	・ストレス関連疾患の診療、相談 ・メンタルヘルスに関する研究 ・勤労者、医療従事者向けの講習・研修等 ・ストレスドック、リラクセーション部門の開設等
地域障害者職業センター	(独)高齢・障害者雇用支援機構が各都道府県に設置	・休職中の精神障害者対象のリワーク（職場復帰）支援を実施 ・職場に「ジョブコーチ」を派遣し、職場に適応できるよう支援 ・支援内容は地域によって異なる

過去問題・予想問題を解いてみよう !!

問題 1 事業場内外資源　　　　　　　　　　　　**予想問題**

　活用できる資源や専門相談機関に関する次の記述のうち、最も適切なものを 1 つだけ選べ。

① 精神保健指定医は、精神保健福祉法に基づく「任意入院」などを行うために必要な資格である。

② 従業員が 50 人以上いる事業場には「衛生推進者」を選任しなければならない。

③ 神経症性障害が疑われたため、心療内科を受診した。

④ 精神保健福祉センターにより、全国で「いのちの電話」が運営されている。

解説　① 措置入院（本人の同意がなくても入院させることができる）を行うために、必要な資格です。

② 衛生推進者は、50 人未満の事業場で選任するものであり、50 人以上であれば、衛生管理者を選任しなければなりません。

④「いのちの電話」は、**一般社団法人日本いのちの電話連盟により、ボランティアで運営**されています。　　　　　　　　　　　　　　　　　　　　　　　　【解答】③

問題 2 相談できるスタッフ　　　　　　　　　　**24回第7問[1]**

　相談できるスタッフの種類と特徴に関する次の記述のうち、最も適切なものを 1 つだけ選べ。

① 常時 100 人以上が働く事業場では、専属の産業医が常勤している。

② ストレスチェック制度において、保健師は実施者になることができる。

③ 心療内科医は、国が定めた規定があり、専門医・認定医制度をもっている。

④ 精神科医であれば誰でも「措置入院」させることができる。

解説　① 常時 100 人以上ではなく、**常時 1,000 人以上**の事業場です。

③ 国が定めた規定というものはありません。

④ **措置入院をさせることができるのは、精神保健指定医のみ**であり、国が定めた条件もあります。　　　　　　　　　　　　　　　　　　　　　　　　【解答】②

問題3 相談できるスタッフ　　　　　　　　　25回第7問[2]

　相談できるスタッフの種類と特徴に関する次の記述のうち、最も適切なものを1つだけ選べ。

① 常時1,000人以上の労働者が働く事業場（有害な作業のある場合には500人以上）では、専属の産業医が常勤している。

② 常時50人以上の労働者が働く事業場では、法令上、看護職が選任されている。

③ 精神科医・心療内科医は、国が定めた規定があり、精神疾患（精神科）や心身症（心療内科）の診療を専門としている医師である。

④ キャリアコンサルタントは、民間団体の認定資格である。

解説 ② 看護職ではなく、衛生管理者の選任が義務付けられています。

③ 国が定めた規定というものはありません。

④ キャリアコンサルタントは**国家資格**です。　　　　　　　【解答】①

問題4 相談窓口　　　　　　　　　27回第7問[2]

　相談窓口に関する次のA〜Dの記述のうち、正しいもの（○）と誤っているもの（×）の組合せとして、最も適切なものを1つだけ選べ。

A. 誰でも利用できる公的機関として、精神保健福祉センターが各都道府県及び政令指定都市に設置されている。

B. 社内の相談窓口は、職場の環境や仕事の内容、就業規則など社内規定を十分に理解しているため、社外の窓口を利用する前に社内の窓口を利用することになっている。

C. 会社と関連がある事業場外相談窓口には、会社が外部の専門機関（EAP）に委託して設置しているもの、健康保険組合が設置しているもの、労働組合が設置しているものなどがある。

D. 公的な相談窓口として保健所や保健センターがあるが、自殺や薬物使用、各種疾患など特別な場合についての相談を対象としているため、職場でのストレスについての相談は受け付けていない。

① (A) ○　(B) ×　(C) ○　(D) ○
② (A) ×　(B) ×　(C) ×　(D) ×
③ (A) ○　(B) ○　(C) ×　(D) ○
④ (A) ○　(B) ×　(C) ○　(D) ×

解説 B 社内の相談窓口についての説明は間違っていませんが、**社内に相談するか、社外に相談するか**は、双方に違ったメリットがあるため、**本人の自由**です。

D 保健所や保健センターは、**特別な場合だけではなく、職場のストレスについての相談も**受け付けてくれます。　　　　　　　【解答】④

127

6-2 医療機関や治療・薬

① 医療機関や診療科の種類　重要度 🐾🐾🐾

　メンタルヘルス不調が深刻化した場合、早期に適切な医療機関を受診することが重要です。基本的な知識は押さえておきましょう。

▶ 各診療科と取り扱う疾患

　各診療科で取り扱う疾患は、表1のとおりです。ただし、受診のハードルを下げるために、精神科であっても「心療内科」を標榜することもあります（各医療機関が何科を標榜するかについて、特に決められたルールはありません）。

◀ 表1　各診療科の主な対象疾患 ▶

診療科	主に扱う疾患
精神科	心やストレスに関する疾患のうち、症状が主に精神に出ている疾患（精神疾患） 【例】うつ病、統合失調症、アルコール依存症、神経症性障害*など
心療内科	心やストレスに関する疾患のうち、症状が主に身体に出ている疾患（心身症） ※うつ病でも、身体的な症状が強ければ、心療内科でも治療される
神経内科	脳血管障害、神経の病気、認知症など ※心に関わる疾患を扱う科ではない
内科・外科	身体疾患

* 神経症性障害：心理的なストレスによって誘発されるパニック障害、不安障害、PTSD、摂食障害などの総称

それぞれの診療科の守備範囲を理解しておくようにしてください。
もちろん、心療内科と精神科は一部、守備範囲に重なりがありますが、そのような曖昧なものは出題されないと思いますので、「この組み合わせは絶対違う」というものがわかればよいでしょう。

　以下に、精神疾患と心身症の種類についてまとめます。どの疾患がどちらに属するか確認しましょう。

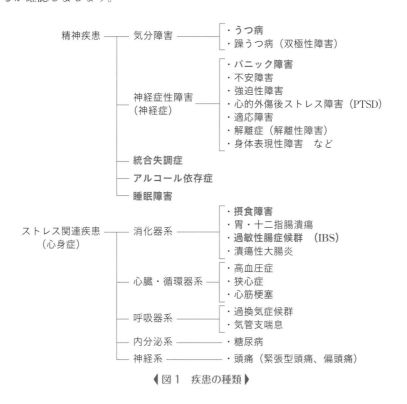

◀図1　疾患の種類▶

２ 医療機関の種類

　医療機関は、入院患者を受け入れられる施設の規模によって**病院**と**診療所**の2種類に大別されます。ただし、精神疾患の入院に関しては、「精神病床」の許可が必要です。

◀医療機関とその規模▶

■病　院
　20人以上の患者を入院させるための施設を有する医療機関
■診療所（クリニック）
　19人以下の患者を入院させるための施設を有するか、入院施設を有さない医療機関

　医療機関の中には、臨床心理士・精神保健福祉士・作業療法士などの専門スタッフが雇われており、医師の治療と並行して、カウンセリングや心理療法、デイケアやリワーク、リハビリテーションなどを受けられるところもあります。

　「就業しながらでも継続して通院しやすい」「信頼できる医師に継続的に診てもらえる」「回復期にはカウンセリングやリワークが受けられる」など情報を収集しておくと、いざというときに役立ちます。

② 治療の実際　　　　　　　　重要度 🐾🐾🐾🐾🐾

① 病気の診断

　精神疾患の診断をする場合、まずは身体疾患からくる精神症状でないことを確認することが重要になるので、血液検査や複数の科で検査をすることもあります。その他、調査票や心理テスト、過去の病歴、生育歴、家族の状況、面接、問診などを経て診断が下されることになります。

② 診断後

　医師より、診断された病気に関する説明、選択できる治療の方法、薬の説明（作用と副作用）、本人・家族・周囲の人が守るべきこと、治療の一般的な経過や今後の見通しについて説明があります。

③ 治療の方法

　例えば、うつ病は一般的に、第一に**休養**、第二に**薬物療法**、第三に**心理療法・精神療法**が用いられます。心の病気の治療というと、すぐに「カウンセリング」をイメージされる人も多いものですが、まずはじっくり休み、投薬で症状が回復してから、再発防止のために認知行動療法などの心理療法が適宜取り入れられます。

　薬に関しては専門的な内容になるので、なじみが薄いですが、投薬に関する基本的な知識は重要になるため、比較的細かい部分まで問われます。

◀表2　うつ病の治療▶

休養		・枯渇したエネルギーを再び蓄えるために、休養することが第一優先となる ・必要な期間は症状の重さによるので、数日から数か月程度まで幅がある
薬物療法	抗うつ薬	・脳内の神経伝達物質の働きを回復させる ・軽度・中等度のうつ病の場合、副作用が少ない SSRI（選択的セロトニン再取込み阻害薬）や SNRI（セロトニン・ノルアドレナリン再取込み阻害薬）が第一選択剤とされている ※ただし、まったく副作用がないわけではない。吐き気などの消化器系の症状を認めることがあったり、SSRI は肝臓のある酵素で代謝されるため、併用できない薬があることも注意 ・NaSSA（ノルアドレナリン作動性・特異的セロトニン作動性抗うつ剤）は、新しい薬で、抗うつ作用が強いが、眠気や体重増加といった副作用がみられる ・その他、SARI（セロトニン遮断再取り込み阻害薬）やセロトニン再取り込み阻害・セロトニン受容体調整薬がある ・三環系抗うつ薬、四環系抗うつ薬は、副作用（眠気、眼のかすみ、口の渇き、動悸、便秘、排尿困難、立ちくらみなど）が上記の薬より比較的強い ・スルピリドは、少量では潰瘍の治療薬だが、大量では統合失調症の治療薬としても使われる ・抗うつ薬はパニック障害、強迫性障害、PTSD、摂食障害など他の疾患にも処方される ・最初に処方された薬で 2〜4 週間様子を見て、効果があれば継続、効果がない、副作用が強過ぎるという場合は薬の変更を行ってまた様子をみるという流れになる ・効果の発現がゆっくりであるとともに、効果的な作用が出る前に副作用が先に出現したり、症状が回復してからも再発防止のためには半年〜1 年は投薬が必要とされているため、自分や周囲の勝手な判断で薬を減らしたり、やめてしまったりしないように注意が必要
	抗不安薬	・不安の強い場合、抗うつ薬と併行して使用されることがある
	睡眠剤	・睡眠障害の改善のために使用される ・抗不安薬と同様の作用のものや、睡眠と覚醒に影響する体内物質に作用し、調整を図るものがある
	抗精神病薬	・幻覚、妄想といった精神症状や、不安や焦燥感が強くてじっとしていられない症状が出ている場合、抗うつ剤の効果が不十分な場合、一般には統合失調症に用いるような抗精神薬が使用される場合もある
	気分安定剤	・気分の波を抑えて安定させる ・双極性障害や抗うつ薬だけでは効かないうつ病の場合に使用される 【例】リチウム、抗てんかん剤など
心理療法と精神療法		・ものの見方や受け止め方を合理的なものにしていく認知行動療法（認知再構成法など）や、問題を明確にして具体的な解決のアイディアをたくさん考え、一番役に立ち実行可能なものに取り組んでいくという問題解決技法のほか、精神分析、交流分析、家族療法など、さまざまな心理療法・精神療法が症状に合わせて選択される
その他の治療		・うつ病の治療では、電撃療法、高照度光療法、断眠療法、磁気刺激治療といった治療法が、病態に合わせて用いられることがある ・副作用緩和のために、胃腸薬が加えられることもある

④ 治療の形態

病気の症状・状態などによって、通院（外来）治療と入院治療のどちらかを選択することになります。

（a）通院（外来）治療

・多くのうつ病の場合は、通院治療で行われます。

・1〜2週に1度のペースから通院を始めることが多いです。

（b）入院治療

入院が必要となるケースは、以下のような場合です。

◀入院による治療が必要な場合▶

・自殺の危険性が高い

・重度のうつ病で食事も十分に取れず、身体的な管理が必要

・焦燥感・不安感が強く精神的に相当に不安定

・統合失調症で幻覚妄想状態

・躁うつ病で躁状態が激しい

・一人暮らしで生活リズムを保つことが困難

・投薬のルールや禁酒のルールを自分では守れない

・自宅では療養に専念しにくい

入院理由になるのは、必ずしも重篤な症状の場合だけではないことを覚えておいてください。

Point

③ 休 職

重要度 🐾

治療の一環として休養を一定期間とる必要がある場合、会社は休む（休職する）ことになります。会社の制度によって、休職できる期間、その間の給与、会社との連絡方法などは違ってきますから、休職期間に入る際に人事労務部門からそれらの情報を得ましょう。

① 休職中の過ごし方

休職中は、主治医に指示された治療内容を守ります。生活リズムが乱れないように気を付け、休職期間中にどのような状態まで回復させるかをはっきりさせておくことも大切です。

規則正しい生活が送れるようになり、意欲が回復してきたり、外出ができるようになったら、復職のことを考え始めます。本人はどうしても復職を焦りがちですが、主治医や産業医に相談しながら、適切な復職の時期を見極めたほうが、再発を防ぐことができます。

❷ リワーク・プログラム

地域障害者職業センターや、一部の精神科医療機関では、リワーク・プログラムを提供しています。「日本うつ病リワーク協会」で実施医療機関を調べることができます。リワーク・プログラムは職場復帰に向けて、**生活リズムの維持、基礎体力の維持、症状の自己管理、自己洞察、周囲とのコミュニケーション、作業への集中力向上、モチベーション向上、感情表現、リラクセーションの体得**などを目的としています。

リワーク施設に通って疑似的な出社を体験したり、同じ参加者とのグループワークや作業療法、認知行動療法など、復職に向けたさまざまなプログラムを受けることが可能です。リワーク・プログラムを受けた人は予後が良好だとされています。

地域障害者職業センターで行われているリワーク・プログラムでは、本人だけでなく、事業主に対して、主治医とも連携して支援を行っています。職場復帰にあたっては、休職者側の準備だけでなく、職場側の受け入れ態勢が整っていることが大切なので、事業主は受け入れ態勢の準備や障害の状況に応じた雇用管理などに関して、助言・援助を受けることができます。

❹ 復　職　重要度 🐾

主治医から復職可能の診断書が出たら、産業医面談等を経て、会社が復職の可否を判断します。復職可能と判断され復職した際には、最初から元気だった頃のイメージで全力疾走で仕事に取り掛かることは避けます。会社の制度にもよりますが、一般的にリハビリ出勤の期間を経て、少しずつ職場に慣れながら、再発を防止するためにはどのように働いたら良いか考えていきます。職場復帰プログラムを一緒に考えてくれる会社もあるでしょう。

メンタルヘルス不調の発症や休職といった体験は辛いものだと思いますが、それをきっかけに**自分の生き方・考え方を見直すことができれば、回復後、より良い人生を送っていくことが可能**なのです。

過去問題・予想問題を解いてみよう!!

問題1 **診療機関** 　　　　　　　　　　　　　　　　　30回第7問[3]

　メンタルヘルス不調に対応する診療機関に関する次の記述のうち、最も**不適切な**ものを1つだけ選べ。

① 精神科医が標榜科として心療内科を掲げていることがある。

② 精神保健指定医と標榜してあれば、精神科の医師がいると思ってよい。

③ 診療所は入院施設を持つことはない。

④ 心に関わる疾患治療の場合、大学病院や総合病院を受診するメリットもある。

解説 ③ 診療所は、19人以下の患者を入院させる施設を有することがあります。【解答】③

問題2 **心身症** 　　　　　　　　　　　　　　　　　25回第7問[4]

　心身症と考えられる疾患として、最も適切なものを次の中から1つだけ選べ。

① うつ病

② 心的外傷後ストレス障害

③ 過敏性腸症候群

④ 不安障害

解説 心身症は身体に症状が出ますので、過敏性腸症候群が正解です。　　　　【解答】③

問題3 **うつ病** 　　　　　　　　　　　　　　　　　25回第7問[6]

　うつ病の治療に関する次の記述のうち、最も**不適切な**ものを1つだけ選べ。

① うつ病の状態であっても、数日程度会社を休めば良い程度の場合がある。

② うつ病の状態で、数か月会社を休む必要がある場合がある。

③ 休養を十分に取る目的で入院治療が行われることがある。

④ ひとりでいるのが不安であることは入院理由とならない。

解説 ④ ひとりでいることに不安感・焦燥感が強く、精神的に相当に不安定な場合は、入院理由となります。　　　　　　　　　　　　　　　　　　　　【解答】④

問題4　うつ病　　　　　　　　　　　　　　　　　　　　**予想問題**

　メンタルヘルス不調の治療に関する次の記述のうち、最も**不適切なもの**を**1つ**だけ選べ。

① 仮面うつ病とは、身体的な症状が中心に出てくる精神疾患である。

② SSRI などの抗うつ薬は、2〜4日程度服用してみて、効果がなければ増量したり、薬剤の変更などを行っていく。

③ うつ病の治療として、投薬やカウンセリングのほか、電撃療法、高照度光療法、断眠療法といった治療が病態に合わせて用いられることがある。

④ 抗うつ薬では、有効な作用が得られる前に、副作用が起きることがある。

解説　② 抗うつ薬は、まずは 2〜4 週間服用してみて経過をみます。効果がなければ増量し、さらに 2〜4 週間服用して効果がなければ薬剤の変更などを行います。

【解答】②

問題5　仮面うつ病　　　　　　　　　　　　　　　　**26回第7問[4]**

　仮面うつ病と呼ばれる病態に関する次の記述のうち、最も**適切なもの**を**1つ**だけ選べ。

① うつ病ではなく心身症の1つである。

② 表情がこわばり喜怒哀楽が少なくなった状態である。

③ うつ病の診断書は出るが、うつ病ではない場合である。

④ うつ病で、身体症状が強く出る場合である。

解説　仮面うつ病とは、心理的なストレスが、身体症状のほうに強く現われるため、メンタルヘルス不調だと気づきにくい、気づかれにくいという場合のうつ病を指します。

【解答】④

問題6　心理療法　24回第7問[7]

　心理療法・精神療法の1つである問題解決技法の過程に関する次の記述のうち、最も適切なものを1つだけ選べ。

① 問題点をできるだけ多く考える→一番取り組みやすい問題点を選び対応する→うまく解決して自信ができたら次に取り組みやすい問題点を選び対応する→もしうまく解決できなければその問題は後回しにして次に取り組みやすい問題に取り組む

② 問題点をできるだけ多く考える→複数の問題点に同時に取り組む→うまく解決したものを除外し、残った問題点に同時に取り組む→うまく解決できない問題が最後に残るが、問題の一部改善を前向きに評価し自信をつける

③ 問題を明確にする→様々な取り組み方を考え、一番取り組みやすい方法を考え実行する→うまく解決できなければ次に取り組みやすい方法を考え実行する→1つの問題の明確化に対し解決するまで対応することで対応力と自信をつける

④ 問題を明確にする→具体的な解決アイデアをたくさん考える→一番役立ち実行可能なものに取り組んでいく→うまく解決できなければ問題の明確化をやり直す

解説　「問題解決技法」に該当するのは④の記載内容です。　【解答】④

問題7　薬物療法　26回第7問[5]

　メンタルヘルス不調に対する薬物治療に関する次の記述のうち、最も**不適切な**ものを1つだけ選べ。

① 病気の原因となっている脳内の神経伝達物質の働きの異常を回復させる効果のある薬物が必要となる。

② どのような薬をどのような目的で使うのかを主治医に確認する。

③ うつ病の場合、抗うつ薬、抗不安薬、睡眠剤のほかに、必要に応じて抗精神病薬が使われる。

④「いつまでも薬に頼るな」と周囲が言い出したら薬をやめるきっかけとする。

解説　④ 症状が回復してからも、**再発防止のためには半年から1年は投薬が必要**とされているため、周囲の声に惑わされて、**勝手な判断で投薬を中止したりしない**ことが大切です。　【解答】④

問題 8　休職

うつ病での休職に関する記述として、最も不適切なものを次の中から1つだけ選べ。

① 入院であっても自宅療養であっても、ある期間以上会社を休むことになると、休職手続きをとる必要が生じる。

② どれくらい休むと休職になるかは、有給休暇がどれくらいあるのかなどにより異なる。

③ 休職可能な期間は会社によって異なる。

④ 休職期間の会社による給与補償は、法律で一定割合に決まっている。

解説　④ 休職期間中の収入補償については、健康保険の傷病手当金はありますが、**会社による補償については、法律で定められていません。**　【解答】④

問題 9　職場復帰

メンタルヘルス不調で休職した後の労働者の職場復帰に関する次の記述のうち、最も適切なものを1つだけ選べ。

① 職場復帰しようという意欲が出てきた場合には、職場復帰をできるだけ早く進めたほうがよい。

②「他の人にこれ以上迷惑をかけられないから」といった理由で復帰を申し出ることは、避けたほうがよい。

③ 地域障害者職業センターは医療機関ではないのでリワーク支援（復職支援）事業を行っていない。

④ 復職した後は元気であった時のイメージを大切にして仕事を行う方がよい。

解説　① 本人の意欲が回復してくるのは良いことですが、本人はどうしても復職を焦りがちになりますので、**主治医や産業医に相談しながら、再発することがないよう、適切な復職時期を見極めることが大切です。**

③ 地域障害者職業センターでは**リワークを実施しています。**

④ 復職後は、元気だった頃のイメージにとらわれることなく、長く続く今後の人生を考えて、自分の生き方・働き方を見直していきます。　【解答】②

感情を調整する〜使命感を持つ〜

　同じ時間働いたとしても、「使命感」を持って働いている人のほうがストレスを感じにくいため、疲れにくいといいます。何かに夢中になっているとき、時間はあっという間に過ぎるでしょう。夢中で仕事に取り組めることは幸せです。「天職」を英語で「calling」というのをご存知でしょうか。「Heaven (God) has called me to the work」は、「この仕事は我が天職なり」と訳せます。「天に呼ばれる」という感覚が「天職」なのだと知り、感動した経験があります。

　著者は、人は誰でも使命を持って産まれてきているのではないか、と考えています。産まれる前に、この人生ではこんなことに挑戦してみよう、こんなことを克服したい、この人を助けるために生まれよう、こんなものを創ってみたい、こんなことに貢献したい…など、自分で使命を決めて産まれてくるのではないかと考えています。

　とはいえ、「これは我が天職なり」と胸を張って、迷いなく言い切れる仕事に就いている人が、どのくらいいるでしょうか。著者自身も、まだ迷いの中にいます。自分が得意なことを活かして収入を得る「適職」に就いている人はたくさんいると思いますが、「適職」が「天職」なのかと改めて問われると、「うーん…」と考え込んでしまう人も多いように思います。また、「天職を見つけたい！」「本当に好きなこと仕事にするんだ！」と、自分探しばかりに時間を費やし、いつまでも実際に仕事をしない、というのも何か本末転倒な気がします。

　ある有名な料理家が「天職を見つけたいなら、目の前の井戸を掘れ」と言っていました。まず目の前にある仕事をとことん本気で掘って、水が湧くくらい掘ることができたら、「天職」のほうからこちらにやってくると。自分の目の前にやってきた仕事は、どんな仕事でも無駄なものはなく、その仕事に誠実に、真剣に、とことん向き合えば、そこからどんどん新しい仕事に繋がって、その先に「天職」はあるのかもしれませんね。

　映画「シャイン」のモデルとなったピアニストは言いました。

　『Music is my life, my passion, I feel complete when I perform』

　『音楽は私の人生、情熱であり、ピアノを弾くとき、私は完全を感じる』

　実際、彼のピアノは彼の透明な魂そのもの、「彼がピアノを弾いている」のではなく、「ピアノが彼に弾かれるために存在している」みたいでした。しかし彼は、天才と呼ばれる人間の宿命なのか、精神を病んで演奏から離れていた時期もあります。「天職」を知ることは、最高に幸せなことであると同時に、最高に苦しいことでもあります。「天職」を知ったら、もうそこから逃げられない。どんなに苦しくても、自分はそれをして生きていくしかないと、自分が一番よくわかっているからです。でもやはり、天に呼ばれたい、その仕事で苦しみたい。そう思うことができれば幸せなのかもしれません。

補章

複合問題

全出題問題 50 問中、「補章 複合問題」からは、5 問出題されています。複合問題では、具体的な事例をもとに、本書 1〜6 章で学んだことが広く問われます。

　1〜6 章の知識のみを問う問題とは違い、実際に自分（あるいは同僚など）が不調になった場合を想定して、どこに原因があり、どのような状態がストレス反応で、どのように気づき、どのように対処すべきかを具体的にまた実践的に問う問題が多いです。

過去問題を解いてみよう!!

複合問題 1　　　　　　　　　　　　　　　　　24回第4問[6]～[10]

次の事例を読んで問題1～問題5の設問に答えなさい。

〈事例〉

　Sさんは Web デザインの中堅企業 I 社に勤務する入社2年目の女性社員である。1年目は補助的な業務を中心に社内で勤務していたが、2年目に入り担当顧客を持つようになった。

　Sさんの担当顧客は、今勢いのあるベンチャー企業 A 社である。「若手の感覚を取り入れたい」という意向があり、Sさんに白羽の矢が立った。A 社の業務は非常に難しい要望が多く、作業にも打合せにも多くの時間を要するものであったが、I 社は就業時間後の時間外労働を原則として禁止しており、代わりに朝早く出勤することを推奨している企業であった。そのため、仕事を中途半端なまま終了して定時で帰らねばならないということがしばしばあり、仕事のやり方にコントロール感を持てず不満を感じていた。

　上司は2年目のSさんのことを気にかけてくれてはいたが、顧客ごとに担当が分かれ仕事が独立していること、上司自身も担当顧客を複数抱えており余裕がなさそうに見えたことから、Sさんから上司に相談することはできず、1人で作業することに対する緊張を感じることもあった。

　そのような中、A 社の担当者が産前休暇に入ることになり担当者が交代になった。十分に引き継ぎをしてくれるはずであったが、後任者は前任者と大きく異なる方針を示し、大幅な作業のやり直しが求められることになった。ここ1か月は朝早く出社することで仕事を補おうとしているものの、夜は残した仕事のことが気になってなかなか寝つけない日もあり、疲労感が抜けなくなっている。通勤時も動悸を感じることが増え、仕事の見通しが見えなくなってしまったことでの抑うつ感を覚え、少し前までは楽しかったはずの仕事も辞めたいと考えるようになっている。これまで規則正しかった生理も今月は来ておらず、自身の諸々の変調を心配に感じている。

　さらに先日、実家の父親に早期のガンが見つかったと連絡があったことも気がかりになっている。

問題 1 睡眠 `24回第4問[6]`

　Sさんの生活状況に関して次の条件があった場合、平日における通常の平均的な睡眠時間は何時間になるか、最も適切なものを1つだけ選べ。

・I社の就業時間は、9:30〜18:30である。

・Sさんの通勤は片道1時間である。

・Sさんは5:00に起床、6:00に家を出て、朝早く出社することで仕事の時間を確保している。

・Sさんは帰宅から就寝までの間に、夕食、入浴、趣味、勉強等の時間に4.5時間を割いている。

・昼寝など、夜以外には睡眠をとらない。

① 　4時間

② 　4.5時間

③ 　5時間

④ 　6時間

解説 18:30に会社を出て、片道1時間なので、19:30に家に着きます。帰宅してから4.5時間生活時間があるので、0:00に就寝することになります。5:00に起床すると設問に記載されているので、睡眠時間は5時間です。　【解答】③

問題 2 ストレス要因 `24回第4問[7]`

　Sさんに関する次の記述のうち、DCSモデル（Demand-Control-Support Model）に関連するストレス要因として最も**不適切**なものを1つだけ選べ。

① A社の業務は非常に難しい要望が多く、作業にも打合せにも多くの時間を要すること。

② 仕事のやり方にコントロール感を持てないこと。

③ 上司に相談することができないこと。

④ 実家の父親に早期のガンが見つかったこと。

解説 DCSモデルとは、「仕事の要求度」・「仕事のコントロール感」・「上司や同僚の支援」の度合いを要素として考えるストレスモデルなので、①〜③は該当します。④はプライベートのストレス要因なので、DCSモデルには該当しません。　【解答】④

問題 3 ストレス反応 24回第4問[8]

　S さんの身体面のストレス反応に関する次の A〜D の記述のうち、正しいもの（〇）と誤っているもの（×）の組合せとして、最も適切なものを 1 つだけ選べ。

A.「疲労感が抜けない」というのは慢性のストレス反応である。

B.「動悸」は急性のストレス反応である。

C. S さんの状況を考えると「生理がこない」のはストレス反応であり、婦人科系の身体疾患の可能性はない。

D.「仕事のことが気になってなかなか寝つけない日もある」という状態を身体面のストレス反応と考えるのは適切ではない。

① (A) ×　(B) 〇　(C) 〇　(D) ×
② (A) ×　(B) 〇　(C) ×　(D) 〇
③ (A) 〇　(B) ×　(C) ×　(D) 〇
④ (A) 〇　(B) 〇　(C) ×　(D) ×

解説　A と B の記述は適切です。

C「生理がこない」という症状は、ストレス反応である可能性もありますが、医師の診断を受けるまでは、婦人科系の身体疾患の可能性を排除すべきではありません。

D 不眠など、睡眠に関するつらさは身体面のストレス反応と考えられます。　　【解答】④

1章
2章
3章
4章
5章
6章
補章

問題 4 ストレス反応 　　　　　　　　　　　　　24回第4問[9]

　Sさんの心理面のストレス反応に関する次の A〜D の記述のうち、正しいもの（○）と誤っているもの（×）の組合せとして、最も適切なものを 1 つだけ選べ。

A. 仕事のやり方にコントロール感を持てないことへの「不満」は、急性のストレス反応である。
B. 「緊張」は急性のストレス反応である。
C. 「抑うつ感」は慢性のストレス反応である。
D. 「仕事を辞めたい」という考えはキャリアに関する選択であり、ストレス反応として生じることはない。

①	(A)	×	(B)	○	(C)	○	(D)	×
②	(A)	×	(B)	×	(C)	○	(D)	○
③	(A)	○	(B)	○	(C)	×	(D)	×
④	(A)	○	(B)	○	(C)	○	(D)	○

解説 BとCの記述は適切です。

A「不満」というのは、具体的な状況に対して満足できない気持ちのことであり、**ストレス反応とはいえません。**

D 退職願望は、**心理面での慢性反応としても考えることができます。**　　　　　　【解答】①

問題 5 ストレス対処 　　　　　　　　　　　　　24回第4問[10]

　自身の諸々の変調を心配に感じている S さんが今後取り得る対処に関する次の記述のうち、最も**不適切なもの**を 1 つだけ選べ。

① ここ 1 か月の変調なので、あと 3 か月は相談をせずに様子を見る。
② 生理がこないことについて婦人科に相談する。
③ 動悸について、かかりつけの内科に相談する。
④ 仕事について、上司に時間をとってもらい相談する。

解説 ① ストレスの早期発見のためには、「**いつもと違う**」という症状が 2 週間以上継続しているときには、医師や産業保健スタッフなど、**専門家に相談する**ことが重要です。　　　　　　【解答】①

複合問題2 25回第4問[6]〜[10]

　次の事例を読んで、問題1〜問題5の設問に答えなさい。

〈事例〉

　Hさんは介護関連の人材紹介会社に営業として勤務する、47歳の男性社員である。紹介先である介護施設の話も紹介先で働く介護スタッフの話も、双方を丁寧に聴く仕事ぶりは、社外から大変評判が良かった。しかし、その丁寧すぎる仕事ぶりを評価しない人も社内にはおり、面白く思わない同僚から嫌みを言われることも日常である。先日は、これまで複数名で担当していた難しい案件を押しつけられて、1人で担当させられるという嫌がらせがあったが、休日である日曜日にバッティングセンターで気晴らしをすることで対処していた。

　このような状況に加えて、70代の父親が脳梗塞で倒れ、介護が必要な状態になってしまった。それ以降は「仕事以外でもこういう嫌なことは起きる」と考えるようになり、無気力になっている。母親は健在だが介護の全てを任せることはできず、他に頼れる親戚もいないため、Hさんは実家に帰り、実家から片道2時間かけて仕事に通っている。

　通勤時間が長いため残業できる時間にも制限があり、平日以外に、本来は休日である土曜日にも出社し、週5日の仕事に加えて残業と休日労働をすることで何とか維持しているが、休日出勤を含む1か月の残業時間は合計80時間に至り、寝不足と疲労感を感じ、最近はこれまでになく同僚に対しイライラするようになっている。

　Hさんはサポートを受けるのが苦手なため、仕事や家庭の状況について一切誰にも相談していなかった。しかし、先日職場で行われたストレスチェックで初めて高ストレスの判定を受けて、産業医面談を勧められ、おそるおそる面談を受けてみることにした。面談では酒量が増えていること、腰痛やアトピーがひどくなっていることを指摘され、ストレス状態の定期チェックをするようアドバイスをされた。

問題1 **睡眠**　第25回第4問[6]

　Hさんの生活状況に関して次の条件があった場合、勤務日の平均的な睡眠時間は何時間になるか、最も適切なものを1つだけ選べ。

・1か月は4週間、祝日なし、代休や有給休暇も取得していない。
・就業時間は、9:30〜18:30（お昼休み1時間を含む）である。
・休日である土曜日も平日と同じ時間働いている。
・Hさんは出社前・帰宅後に、食事、入浴、介護等の時間として、合計4.5時間を割いている。
・昼寝など、夜以外には睡眠をとらない。

① 5時間
② 4.5時間
③ 4時間
④ 3.5時間

解説 1か月の残業時間が80時間とあるので、土曜日の正規勤務時間8時間×4日＝32時間を80時間から引くと、**残業時間合計は48時間**です。48時間÷24日（平日＋土曜日）＝2時間が1日あたりの平均残業時間です。18:30の定時から2時間残業すると、20:30に会社を出て、2時間かけて帰宅し、家に着くのは22:30です。また、9:30に会社に着くためには、遅くとも7:30には家を出なくてはなりません。22:30から翌朝7:30までは、9時間ありますが、**生活や介護に4.5時間を割いていますので、9時間－4.5時間＝4.5時間**が、睡眠時間と考えられます。　　　　　　　　　　　　　　【解答】②

問題2 **労災認定基準**　第25回第4問[7]

　Hさんのストレスと、「心理的負荷による精神障害の認定基準」（厚生労働省、2011年）、（以下、「認定基準」という）に関する次の記述のうち、最も不適切なものを1つだけ選べ。

① 父親の要介護状態は、業務上の「認定基準」に該当するものがない。
② Hさんの時間外労働は、「認定基準」では「仕事の量・質」に該当する。
③ これまで複数名で担当していた難しい案件を押しつけられて、1人で担当するようになったという出来事は、「認定基準」では「役割・地位の変化等」に該当する。
④ 同僚からの嫌がらせはセクシュアルハラスメントではないため、「認定基準」には該当しない。

解説 ④ 同僚からの嫌がらせは、セクハラではありませんが、**パワーハラスメントや対人関係のカテゴリで「認定基準」に該当する可能性**があります。　　　　　【解答】④

問題 3 ストレスの個人差　　　　　　　　　　　　　　　25回第4問[8]

　Hさんのストレスの個人差に関する次のA～Dの記述のうち、正しいもの（○）と誤っているもの（×）の組合せとして、最も適切なものを1つだけ選べ。

A. 父親が要介護状態になってしまったという否定的な出来事によって、Hさんのうつ尺度の得点は必ず高くなる。
B. 社外からの評判の良さに目を向け、自身を前向きに捉えることができれば、ストレスを感じにくく過ごせる可能性がある。
C. バッティングセンターで気晴らしをするという対処は、問題の解決につながっていないため、ストレス軽減の役には立たないやり方である。
D. Hさんの対人関係スキルが更に高く、サポートを上手く得ることができていれば、ストレスの深刻度合いやダメージが異なっていた可能性がある。

① (A) ×　　(B) ○　　(C) ×　　(D) ○
② (A) ○　　(B) ×　　(C) ○　　(D) ×
③ (A) ○　　(B) ○　　(C) ×　　(D) ×
④ (A) ×　　(B) ×　　(C) ○　　(D) ○

解説　A 否定的な出来事があっても、それをどう受け止めるかは個人の認知によりますので、**うつ尺度得点が必ず高くなるとは限りません。**
C 気晴らしも、情動焦点型のコーピングですので、**ストレス軽減の役に立ちます。**

【解答】①

問題 4 ストレス反応　　　　　　　　　　　　　　　　　25回第4問[9]

　Hさんのストレス反応に関する次の記述のうち、最も適切なものを1つだけ選べ。
① Hさんの無気力な状態は、やる気の問題であってストレス反応ではない。
② Hさんの寝不足の状態は、心理面の変化である。
③ Hさんの酒量の増加は、行動面の変化である。
④ Hさんの腰痛やアトピーは、ストレスとは一切関係ない。

解説　① 無気力な状態は、**心理面での慢性反応**と考えられます。
② 寝不足は単に睡眠時間が足りていないというだけでなく、不眠など睡眠につらさが出ている可能性が高く、これは**身体面の慢性反応**と考えられます。
④ ストレスが腰痛やアトピーといった、**身体面のストレス反応として発現している**と考えられます。

【解答】③

問題5 ストレスチェック　　25回第4問[10]

Hさんのストレスの定期チェックの重要性に関する次の記述のうち、最も適切なものを1つだけ選べ。

① ストレスのセルフチェックの結果は、性格検査の結果と共通する特徴を持っており、仕事の局面やそのときの職場環境などによって大きく左右されることはない。

② 厚生労働省のポータルサイト「こころの耳」は、自分の状況を定期的に確認する用途には向いていない。

③ セルフチェックの結果、心配な点があった場合には、具体的な対処へとつなげていく必要がある。

④ ストレス反応により、仕事に支障をきたしているようであれば、産業保健スタッフではなく必ず専門機関を受診すべきである。

解説 ① ストレスのセルフチェックは、**仕事の局面や職場環境が影響するもの**です。

②「こころの耳」には、**セルフチェックのページがありますので、定期的に自分の状況を確認するのに適しています。**

④ 産業保健スタッフは、**その会社や職場の状況を理解しているので、相談相手として適切**です。　　　　　　　　　　　　　　　　　　　　　　　　【解答】③

次の事例を読んで、問題1〜問題5の設問に答えなさい。

〈事例〉

　Fさんは大学院を修了後、製薬メーカーに就職して20年になる、研究開発部門に勤務する44歳の女性、独身である。仕事は大変やりがいがあり、男性社員に負けないよう、がむしゃらに仕事に専念してきた。しかし昨年、人間ドックで乳がんが見つかり、治療のために8か月の休職を余儀なくされた。現在は復職して4か月になるが、1時間の時短勤務であっても再発予防の治療との両立に体力的な厳しさを感じ、片道30分の通勤がつらくタクシーを使ってしまうこともある。

　上司は「必要な配慮はする」と言ってくれているものの、Fさん自身は元々キャリアアップを望んでいたことから「仕事の負担を軽減してほしい」とは言えず、休職を挽回するパフォーマンスを出そうと身を削る思いで努力を続けている。仕事では、大規模な研究プロジェクトの一員として、煩雑で膨大な研究の作業を決められたスケジュールで進める必要がある。時短勤務であることから余計なタイムロスは許されないが、最近では肩こりや眼精疲労が激しくなっているうえに、寝付きの悪さから疲れがとれなくなり、仕事が上手く進むときとそうでないときの波が大きくなっているように感じられ、混乱してしまい、実際にミスしてしまうことも増えた。

　このような状態に対して、フィードバック面談にて上司から「女らしく結婚して専業主婦になった方が良いのではないか」と言われてしまった。それ以来、上司の前でのプレゼンテーションを回避するようになったり、遅刻や欠勤をすることが増えてしまっており、仕事を辞めたいと考えている。

問題 1 ストレス要因　　　　　　　　　　　　　　26回第4問[6]

　F さんの事例に関する次の記述のうち、DCS モデル（Demand-Control-Support Model）に関連するストレス要因として最も不適切なものを 1 つだけ選べ。
① 通勤がつらく、タクシーを使ってしまうこと。
② 上司に「仕事の負担を軽減してほしい」と言えないこと。
③ 煩雑で膨大な研究の作業を行わなければならないこと。
④ 余計なタイムロスは許されないこと。

解説 DCS モデルとは、「仕事の要求度」・「仕事のコントロール感」・「上司や同僚の支援」の度合いを要素として考えるストレスモデルなので、②～④は該当します。
① は病気からくる身体的なつらさなので、DCS モデルには該当しません。　　　**【解答】①**

問題 2 労災認定基準　　　　　　　　　　　　　　26回第4問[7]

　F さんが上司に言われた「女らしく結婚して専業主婦になった方が良いのではないか」という発言は、労働災害認定について定めた「心理的負荷による精神障害の認定基準」（厚生労働省、2011 年）の出来事の種類のいずれにあてはまる可能性があるか。次の記述のうち最も適切なものを 1 つだけ選べ。
① 事故や災害の体験
② 対人関係
③ セクシュアルハラスメント
④ 役割・地位の変化等

解説 「女らしく結婚して専業主婦に」という発言は、「性的役割分担意識」といって、「女だから」「男だから」という根拠のない価値観にしばられているといえます。それを他人に押しつけたり、職場で発言するのは、**セクシュアルハラスメント**にあたる可能性があります。　　　**【解答】③**

問題3 ストレス反応 　　　　　　　　　　　　　　26回第4問[8]

Ｆさんのストレス反応に関する次の記述のうち、最も**不適切なもの**を1つだけ選べ。

① ストレスが原因で、肩こりや眼精疲労が生じることもある。
② 寝付きの悪さ（不眠）は、慢性の心理面の変化に該当する。
③ 混乱は、急性の心理面の変化に該当する。
④ 仕事を辞めたいと考えるのは、慢性の心理面の変化に該当する。

解説 ②寝つきの悪さや不眠は、慢性の身体面の変化に該当します。　　【解答】②

問題4 行動面の変化 　　　　　　　　　　　　　　26回第4問[9]

Ｆさんの仕事ぶり（行動面）の変化に関する次の記述のうち、最も適切なものを1つだけ選べ。

①「仕事が上手く進むときとそうでないときの波が大きくなっている」というＦさんの仕事ぶりは、上手く進むときがあるので、まだ心配しなくて良い。
②「実際にミスしてしまうことも増えた」というのは主観的な自己評価と考えられるので、仕事ぶり（行動面）の変化には該当しない。
③「プレゼンテーションを回避する」というのはプレゼンテーションに失敗している訳ではないので、仕事ぶり（行動面）の変化には該当しない。
④「遅刻や欠勤をすることが増えている」というＦさんの状況は、客観的なデータでも把握しやすい仕事ぶりの変化である。

解説 ①仕事ぶりの波が大きくなっているのは、**体調や心理面の波も大きくなっている**ということなので、**対応が必要です**。
②仕事のミスは主観ではなく、**客観的な事実なので、仕事ぶりの変化と捉える**べきです。
③上司へのプレゼンを回避する、ということは直面すべきことに直面できなくなっているという、**行動面の変化**です。　　【解答】④

問題 5 ストレスチェック　　　　　　　　　　　**26回第4問[10]**

　Fさんの事例における、定期的なストレスチェックの重要性などに関する次の
A～Dの記述のうち、正しいもの（○）と誤っているもの（×）の組合せとして、
最も適切なものを1つだけ選べ。

A. ストレスチェックの結果は、性格検査の結果のように、ある程度一定の数値を
　　安定して示すものである。

B. セルフチェックによって、自分では軽減できないストレス要因が継続している
　　ことを自覚したFさんは、必ず上司に相談する必要がある。

C. Fさんのストレス反応の状態において、産業保健スタッフに相談することは適
　　切である。

D. Fさんのストレスは続いているので、年に1回実施される会社のストレス
　　チェック制度だけでなく、「こころの耳」を活用するなどして定期チェックを
　　行うことも有効である。

① (A)　×　　(B)　○　　(C)　×　　(D)　○
② (A)　○　　(B)　×　　(C)　○　　(D)　×
③ (A)　○　　(B)　○　　(C)　×　　(D)　×
④ (A)　×　　(B)　×　　(C)　○　　(D)　○

解説 A ストレスチェックの結果は、実施時の体調や心理、仕事の状況や職場環境に左
右されますので、**実施するたびに結果は変化する**ものです。

B 上司に相談するのも良いですが、**必ずしも上司でなく、社内の産業保健スタッフや、医
療機関の医師**に相談することも考えられます。　　　　　　　　　　　　　【解答】④

複合問題4　　　　　　　　　　　　　　27回第4問[6]〜[10]

　次の事例を読んで、問題1〜問題5の設問に答えなさい。

〈事例〉

　Sさん（女性）は今年、出版社に入社した新入社員です。編集部への新人配属は例年2名なのですが、今年はSさん1人の配属でした。編集部には、雑用は1年目の社員が全て行うという慣習があり、先輩が2人で行っていた雑用を1人で引き継いだことに悪戦苦闘していました。

　Sさんの仕事はもちろん雑用だけではありません。自分の担当も持つことになったのですが、前任者でもある指導係の先輩が大変厳しく、完璧な仕上がりになるまで認めてくれません。しかし部員は皆、日中は外出してしまっており、職場にいたとしても忙しそうで質問しづらい状況です。夜遅くまでの仕事になることも多く、毎月のように月60時間の残業が続いています。眼精疲労、耳鳴り、腰痛といった不調感は感じているものの、先日実施したストレスチェックの結果は高ストレス者には該当せず、プライベートでのパートナーとの仲も良好でした。

　そのような中、自分の担当顧客からのクレームが発生してしまいました。内容としては誰のせいでもないようなものだったのですが、厳しい期日の中での対応が求められることになってしまいました。そうすると雑用の負担が重くのしかかります。致し方ないこととはわかっていながら、「こんなことをするためにこの会社に入ったわけではない」「退職しようかな」と考えるようになってしまっています。最近では睡眠が乱れていて、寝つきが悪く、朝も早く目が覚めてしまうことを心配に感じています。

問題 1　　　　　　　　　　　　　　　　　　　27回第4問 [6]

S さんの事例に関する次の記述のうち、DCS モデル（Demand-Control-Support Model）に関連するストレス要因として、最も**不適切な**ものを1つだけ選べ。

① 完璧な仕上がりでないと認めてもらえないこと。
② 部員が忙しそうで質問しづらいこと。
③ クレームが発生し、厳しい期日の中での対応が求められること。
④ 睡眠が乱れていること。

解説　DCS モデルとは、「仕事の要求度」・「仕事のコントロール感」・「上司や同僚の支援」の度合いを要素として考えるストレスモデルなので、①～③は該当します。
④ **ストレス反応であり、ストレス要因ではありません。**　　　　　　　　　　　　【解答】④

問題 2　労災認定基準　　　　　　　　　　　　27回第4問 [7]

S さんのストレスに関する次の記述のうち、「心理的負荷による精神障害の認定基準」（厚生労働省、2011 年）の具体的な出来事に該当するものとして、最も適切なものを1つだけ選べ。

① 部への新人配属が1人であったこと。
② 毎月のように月 60 時間の残業が続いていること。
③ 担当顧客からのクレームを受けたこと。
④ 日中職場に部員がいないこと。

解説　① 新人配属が1人であったこと自体は基準に該当する出来事とはいえず、心理的負荷評価表に掲載はありません。
② 心理的負荷評価表に掲載されているのは「1か月に 80 時間以上の時間外労働」という基準です。
③「顧客や取引先からクレームを受けた」という基準が心理的負荷評価表に強度「II」として掲載があります。
④ 日中職場に部員がいないこと自体は基準に該当する出来事とはいえず、心理的負荷評価表に掲載はありません。　　　　　　　　　　　　　　　　　　　　　　　　　【解答】③

問題❸ ストレス　27回第4問 [8]

　Sさんのストレスに関する次の A〜D の記述のうち、正しいもの（○）と誤っているもの（×）の組合せとして、最も適切なものを 1 つだけ選べ。

A. 職場に人がいないというのは出版業界独自のストレスであり、他の業界で起こることはない。
B. クレーム対応をきっかけに「こんなことをするためにこの会社に入ったわけではない」「退職しようかな」と感じているSさんのうつ尺度の得点は、必ず高くなっている。
C. 「仕事がうまくいかない分、パートナーと一緒に過ごす時間を大切にしよう」と考えた場合、それは情動焦点型の対処である。
D. 雑用に関する負担感を上司に相談し、雑用を担当することに納得が得られていれば、ストレスが軽減していた可能性がある。

① (A) ×　　(B) ○　　(C) ×　　(D) ○
② (A) ○　　(B) ×　　(C) ×　　(D) ○
③ (A) ×　　(B) ×　　(C) ○　　(D) ○
④ (A) ○　　(B) ○　　(C) ×　　(D) ×

解説　A 職場に人がいないというのは、顧客訪問が必要な職種ではよくあることであり、出版業界独自のストレスとはいえません。

B 設問のように感じていたとしても、その気持ちにどう対処するかによって**ストレス反応は変化する**ので、うつ尺度の得点が必ず高くなるとは限りません。　　　　　【解答】③

問題❹ ストレス反応　27回第4問 [9]

　Sさんのストレス反応に関する次の記述のうち、最も**不適切なもの**を 1 つだけ選べ。

① 眼精疲労、耳鳴り、腰痛といったSさんの感じている不調感は、いずれも心身症の可能性がある。
② 出勤状況の乱れさえなければ、行動面の変化は見られないと判断してよい。
③ 「こんなことをするためにこの会社に入ったわけではない」と退職を考えるのは、心理面の変化といえる。
④ 寝つきが悪く、朝も早く目が覚めてしまうといういつもと違う状態が 2 週間以上続く場合には、専門家に相談することが望ましい。

解説　② 行動面の変化としては、作業能率の低下など仕事ぶりの変化や物事からの回避、生活の乱れという側面で現われることもあります。　　　　　【解答】②

問題 5 ストレスチェック　　27回第4問[10]

Sさんの事例における、定期的なストレスチェックの重要性に関する次のA～Dの記述のうち、正しいもの（○）と誤っているもの（×）の組合せとして、最も適切なものを1つだけ選べ。

A. ストレスチェックの結果は、性格検査の結果のようにある程度一定の数値を安定して示すことが期待されるものである。

B. ストレスチェックの結果が高ストレスでなかったとしても、ストレスチェックの結果を用いて自分を振り返ることには意味がある。

C. ストレス反応が大きく出ていない場合には、産業保健スタッフに相談できない。

D. 年に1回実施される会社のストレスチェックだけでなく、「こころの耳」を活用するなどして定期的なチェックを行うことも有効である。

① (A) × (B) ○ (C) × (D) ○
② (A) ○ (B) × (C) ○ (D) ×
③ (A) ○ (B) ○ (C) × (D) ×
④ (A) × (B) × (C) ○ (D) ○

解説 A ストレスチェックの結果は、実施時の体調や心理、仕事の状況や職場環境に左右されますので、実施するたびに結果は変化するものです。

C チェック上ではストレス反応が大きく出ていない場合でも、自分なりに心配なことがあり相談を申し出れば、産業保健スタッフに相談をすることができます。　【解答】①

複合問題5

　次の事例を読んで、問題1〜問題5の設問に答えなさい。

〈事例〉

　Wさんの働く職場では、働き方改革の取組の一環として、今般、在宅勤務制度を導入しました。月に1回の定例会議と、出社しないとできない仕事がある場合を除き、在宅勤務を原則とするという踏み込んだ制度です。

　Wさんの仕事は、自分の担当顧客の対応に注力することが求められるもので、出社するかどうかで仕事の内容が大きく変わることはありませんでした。しかし、在宅勤務制度が導入される前からかなり多くの業務量を残業しながらやりくりしている状況であったため、仕事の大変さは相変わらずです。また、このタイミングでWさんの上司の交替もありました。新しい上司は確認の細かい人で、Wさんは自分のペースで仕事がしにくくなっています。結果として邪魔されずに仕事ができる土日にも仕事をするようになり、ここ1か月は1日も休まずに連続して仕事をしています。

　また以前は職場にいると同僚に対して、すれ違いざまなどちょっとしたときに雑談や相談ができたのですが、今はそれができなくなってしまっていてコミュニケーションの不足を感じています。こうした状況の中、仕事に対する気力がわかず、「この会社にいる意味があるんだろうか」「何のために仕事をしているんだろう」と悲観的に思い悩むようになって2日間が経ちました。円形脱毛症も発見し、それも気になっています。

　家では育児休暇中のパートナーと先月生まれたばかりの子どもの3人で暮らしていますが、四六時中仕事をしているWさんの姿を見てパートナーに心配されています。

問題 1 ストレス要因

　W さんの事例に関する次の記述のうち、DCS モデル（Demand-Control-Support Model）に関連するストレス要因として、最も**不適切なもの**を1つだけ選べ。

① 在宅勤務制度が導入されたこと。

② 上司の確認が細かく、自分のペースで仕事がしにくくなっていること。

③ 同僚に雑談や相談ができなくなっていること。

④ 業務量がかなり多いこと。

解説 DCS モデルとは、「仕事の要求度」・「仕事のコントロール感」・「上司や同僚の支援」の度合いを要素として考えるストレスモデルなので、②〜④は該当します。

① の在宅勤務制度の導入そのものは、DCS モデルに関連する**ストレス要因とはいえません**。
【解答】①

問題 2 労災認定基準

　W さんのストレスに関する次の記述のうち、「**心理的負荷による精神障害の認定基準**」（厚生労働省、2011 年、2020 年改正）の具体的出来事に該当するものとして、最も**不適切なもの**を1つだけ選べ。

① 在宅勤務制度が導入されたこと。

② 上司が替わったこと。

③ ここ1か月は1日も休まずに連続して勤務していること。

④ 育児休暇中のパートナーがいること。

解説 ①〜③に記載の出来事は、心理的負荷評価表に掲載があります（在宅勤務制度の導入は「勤務形態に変化があった」に該当します）。

④ 育児休暇中のパートナーがいること自体は基準に該当する出来事とはいえず、**心理的負荷評価表に掲載はありません**。
【解答】④

問題3 ストレス　　　　　　　　　　　　29回第4問[8]

　Wさんのストレスに関する次の記述のうち、最も適切なものを1つだけ選べ。
① 在宅勤務のストレスは解決できないので、ストレスコーピングの方法はない。
② 上司の確認の細かさはサポートであってストレス要因にはなり得ない。
③ 在宅勤務中の仕事への悲観的な考え方は、うつ病であることを示している。
④ 家の中でずっと一緒に過ごす家族から心配されることを、否定的に認知することがストレスになる場合もある。

解説 ① 在宅勤務のストレスは、具体的には同僚とのコミュニケーションがないことなどが挙げられるので、オンラインや電話で話す機会を持つことや、プライベートで気晴らしの時間を持つなど、コーピングの方法は考えられます。
② 上司の確認の細かさは**仕事のコントロール感の低下に繋がる可能性**があり、ストレス要因になりえます。
③ 悲観的な考え方をしていたとしても、**その考えにどう対処するかによってストレス反応は変化する**ので、必ずしもうつ病の症状に繋がるとは限りません。
④ 家族は心から心配していたとしても、そのことを本人が「育児中のパートナーに心配をかける自分は情けない」など、**否定的に認知してしまうと、本人にとってはストレスになる場合があります。**　　　　　　　　　　　　　　　　　　　　　　　【解答】④

問題4 ストレス反応　　　　　　　　　　29回第4問[9]

　Wさんのストレス反応に関する次の記述のうち、最も適切なものを1つだけ選べ。
① 出社していないので、勤怠状況から仕事ぶりの変化を全く捉えることはできない。
② 無気力の状態は心理面の慢性反応である。
③ 在宅勤務であっても、いつもと違う様子が2日間続いた場合は専門家に相談することが有効である。
④ 円形脱毛症はストレスとは関係ない。

解説 ① 出社していなくても、勤務開始・終了の時間や仕事の成果を確認することで、仕事ぶりの変化を捉えることはできます。
③ いつもと違う様子が**「2週間」**続いた場合には、**専門家に相談することが有効です。**
④ 円形脱毛症は、**ストレスから発症することが多い症状です。**　　　　　　【解答】②

問題 5 ストレスチェック

Wさんの事例における、定期的なストレスチェックの重要性に関する次のA～Dの記述のうち、正しいもの（○）と誤っているもの（×）の組合せとして、最も適切なものを1つだけ選べ。

A. ストレスチェックの結果は、性格検査の結果のように、ある程度一定の数値を安定して示すことが期待されるものである。

B. ストレス反応が大きく出ていなくても、心配な点がある場合には、産業保健スタッフに相談することが有効である。

C. ストレス反応は個人的な問題なので、上司には相談しない方がよい。

D. ストレスチェックは会社で実施されるもの以外にも、「こころの耳」などWEB上で実施できるものがあるので、インターネット環境があれば在宅勤務でも定期的なチェックが可能である。

① (A) ×　(B) ○　(C) ×　(D) ○
② (A) ○　(B) ×　(C) ○　(D) ×
③ (A) ○　(B) ○　(C) ×　(D) ×
④ (A) ×　(B) ×　(C) ○　(D) ○

解説 A ストレスチェックの結果は、実施時の体調や心理、仕事の状況や職場環境に左右されますので、**実施するたびに結果は変化する**ものです。

C ストレス反応は、職場や仕事のストレス要因から引き起こされているので、**ストレス要因を軽減するために上司に相談することは有効です**。　　　　　　【解答】①

複合問題6　　　　　　　　　　　　　　　30回第4問[6]〜[10]

次の事例を読んで、問題1〜問題5の設問に答えなさい。

〈事例〉

　Mさんはデジタルコンテンツを配信する中規模ベンチャー企業に勤める、28歳の男性である。アジア圏での新規事業展開の主担当に抜てきされたことにやりがいを感じるとともに、同じタイミングで管理職に昇進したことがプレッシャーでもある。新しい取組ゆえに社内には前例がなく、長期間の海外出張かつ現地の日本人が1人という状況で業務を行っているMさんには、相談できる人がいないことも不安である。ビジネスパートナーとは英語でコミュニケーションをとっているものの、それほど英語が得意というわけでもなく大変さを感じており、文化の違いもあって交渉は難航しがちである。

　仕事はやってもやっても終わらない。残業時間は正確には把握できていないが、日本との時差もあることから深夜のオンライン会議に時間が取られ、睡眠時間は毎日4時間程度しかなく、それ以外の時間はずっと仕事をしているような状態が1か月以上続き、休暇も取っていない。

　仕事に行こうとするとお腹が痛くなる日々を何とか乗り越え、サービスの公開まであと少しというタイミングでMさんが繁忙時に作成した指示書に、通常のMさんなら絶対にしないような重大なミスがあったことが発覚し、会社の経営にかかわるような大きな損失を負ってしまうことになった。会社からは厳重注意はあったものの、「この経験を次の糧とするように」と温かい言葉をもらったが、Mさん自身の気持ちは晴れない。仕事の失敗のことばかり考えてしまい落ち込みから抜け出せず、夜もなかなか寝つけずに、スマートフォンで動画を見て気晴らしをしようとしている。

　ストレスチェックの結果は高ストレスで、産業医面談を受けることを勧める連絡は来ているが、産業医面談を受けると休職させられて、辞めさせられるのではないかと考え、面談は受けていない。

問題 1 長時間労働　30回第4問[6]

　Mさんの長時間労働に関する次の記述のうち、最も不適切なものを1つだけ選べ。

① 健康状態に影響を与えている可能性がある。
② 睡眠時間の減少に関連している。
③ Mさんの起こしたミスは長時間労働とは一切関係がない。
④ Mさんの所属する組織にも悪影響を与える可能性がある。

解説　③ 長時間労働により睡眠時間が削られ、判断力や注意力が低下していることから起きたミスだと考えられます。　【解答】③

問題 2 労災認定基準　30回第4問[7]

　Mさんの起こしてしまったミスは、「心理的負荷による精神障害の認定基準」（厚生労働省、2011年、2020年改正）の出来事の種類（類型）のどれに該当するか、最も適切なものを次の中から1つだけ選べ。

① 役割・地位の変化等
② 仕事の量・質
③ 事故や災害の体験
④ 仕事の失敗、過重な責任の発生等

解説　Mさんのミスは、会社の経営にかかわるような大きな損失を生んでしまったので、「仕事の失敗・過重な責任の発生等」に該当します。　【解答】④

問題3 **ストレス**　　　　　　　　　　　　　　　30回第4問[8]

　Mさんのストレスに関する次のA〜Dの記述のうち、正しいもの（○）と誤っているもの（×）の組合せとして、最も適切なものを1つだけ選べ。

A. 英語が得意でないMさんにとって、日本語でコミュニケーションをとれないことはストレスである。
B. 出張中に休暇を取ることなく仕事をすることもストレス発散であるので、Mさんの健康への悪影響はない。
C. スマートフォンで動画を見て気晴らしをするというのは、情動焦点型の対処である。
D. 前例がない仕事に取り組めることは、Mさんにとってやりがい以外の何物でもない。

① 　(A) ○　　(B) ×　　(C) ×　　(D) ○
② 　(A) ○　　(B) ×　　(C) ○　　(D) ×
③ 　(A) ×　　(B) ×　　(C) ×　　(D) ○
④ 　(A) ×　　(B) ○　　(C) ○　　(D) ×

解説 B休暇をとらずに働き続けることは当然ストレスであり、健康への悪影響は大いに考えられます。
D前例がない仕事は、やりがいにもなり得ますが、プレッシャーが大きく、過去の事例に学ぶことができないというストレスにも繋がる可能性があります。　　　　【解答】②

問題4 **ストレス反応**　　　　　　　　　　　　　　30回第4問[9]

　Mさんのストレス反応に関する次の記述のうち、最も不適切なものを1つだけ選べ。

①「腹痛」については、海外での食べ物が合わなかったことから生じているものと考えるべきである。
②「眠れない」は身体面の慢性反応である。
③「ミス」がストレスの反応として生じることもある。
④「落ち込み」は心理面のストレス反応である。

解説 ①腹痛は、身体的な疾患の可能性もありますが、身体的なストレス反応として生じることも考えられます。　　　　【解答】①

問題 5 ストレスチェック 30回第4問［10］

　M さんの事例における、定期的なストレスチェックの重要性に関する次の A〜D の記述のうち、正しいもの（○）と誤っているもの（×）の組合せとして、最も適切なものを 1 つだけ選べ。

A. 高ストレスの結果が出ているのであれば、そこから産業医等の産業保健スタッフに相談しても意味がない。

B. 自分では軽減できないストレス要因が継続してある場合には、上司への相談も有効である。

C. ストレスチェックの結果は性格検査の結果のように、常にある程度一定の数値を安定して示すことが期待されるものである。

D. 年に 1 回実施される会社のストレスチェックだけでなく、「こころの耳」を活用するなどして定期的なチェックを行うことも有効である。

① (A) ○ (B) ○ (C) ○ (D) ×
② (A) ○ (B) × (C) × (D) ○
③ (A) × (B) ○ (C) × (D) ○
④ (A) × (B) ○ (C) ○ (D) ×

解説 A 高ストレスの結果が出ているからこそ、そこからメンタルヘルス疾患まで繋がってしまうことのないように、**産業医等に相談すること**が有効です。

C ストレスチェックの結果は、**実施時の体調や心理、仕事の状況や職場環境に左右**されますので、**実施するたびに結果は変化するもの**です。　　　　　　【解答】③

索引

〈編者略歴〉

桜又彩子（さくらまた　あやこ）

1999年　早稲田大学第一文学部文芸学科　卒業

大手ソフトウェア開発会社人事部にて7年間の勤務の後、損保ジャパン日本興亜ヘルスケアサービス株式会社（現：SOMPOヘルスサポート株式会社）へ入社。現在は、メンタルヘルス対策・健康経営のコンサルティング、研修講師、管理職面談等に従事。

特定社会保険労務士、シニア産業カウンセラー、メンタルヘルス法務主任者。

「note」「Twitter」は「桜又彩子」で検索。ストレスケアに役立つコラムを掲載中。

これだけ覚える！

メンタルヘルス・マネジメント® 検定III種 （セルフケアコース）改訂3版

2016年10月15日	第1版第1刷発行
2017年11月10日	改訂2版第1刷発行
2021年11月25日	改訂3版第1刷発行

編　　者　　桜又彩子
発 行 者　　村上和夫
発 行 所　　株式会社　オーム社
　　　　　　郵便番号　101-8460
　　　　　　東京都千代田区神田錦町3-1
　　　　　　電話　03(3233)0641（代表）
　　　　　　URL　https://www.ohmsha.co.jp/

© 桜又彩子 2021

印刷・製本　三美印刷
ISBN978-4-274-22776-9　Printed in Japan

本書の感想募集　https://www.ohmsha.co.jp/kansou/

本書をお読みになった感想を上記サイトまでお寄せください。
お寄せいただいた方には、抽選でプレゼントを差し上げます。

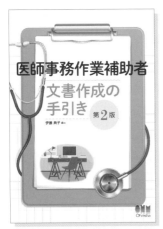
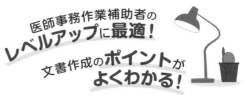